TAPIE, L'HOMME D'AFFAIRES

Du même auteur

Les Vrais Patrons du football
Solar, 1989

Olympique de Marseille : les années Tapie
(avec Alain Roseghini)
Solar, 1990

Le Chantier du siècle
Le tunnel sous la Manche
Solar, 1991

L'Aventure Tapie
Enquête sur un citoyen modèle
Éditions du Seuil, 1992
rééd. coll. « Points Actuels », n° 130, 1993

CHRISTOPHE BOUCHET

TAPIE,
L'HOMME
D'AFFAIRES

ÉDITIONS DU SEUIL
27, rue Jacob, Paris VIe

ISBN 2-02-021926-3

Je suis persuadé que, illusionniste pour lui-même comme pour les autres, fermement convaincu de son génie et de son étoile, excusant ses moyens frauduleux par le but assigné à son ambition, certain de boucher les fissures jusqu'au jour où un coup heureux le délivrerait de ses trucages, bref, joueur sincère en même temps qu'il avait fait un rêve d'honorabilité conquise par le succès [...].

Joseph Kessel,
Stavisky, l'homme que j'ai connu

Introduction

Aux premiers froids de l'automne 1992, la rumeur dit Tapie fini, ruiné, politiquement mort. En six mois, le héros des années fric a dû démissionner de son poste de ministre, le repreneur est inculpé dans l'affaire Tranchant, la vente de La Vie claire a été un fiasco, les cessions avortées d'Adidas et de Terraillon ont été des catastrophes. L'ancien chanteur yéyé devenu roi de l'audimat a perdu sa baraka, l'OM est éliminé prématurément de la Coupe d'Europe, le mythe est lessivé. Qui aurait pu résister à une telle avalanche ? Logiquement, beaucoup mettent un point final à l'aventure romanesque du môme du Bourget. C'est peu le connaître.

Un mois plus tard, pour les fêtes de Noël, Pierre Bérégovoy lui rend son portefeuille de ministre. Dans l'euphorie, Tapie ne prête aucune attention à la plainte déposée par un actionnaire de Testut. Au printemps 1993, ses bienfaiteurs politiques l'aident à se défaire d'Adidas, il adhère au MRG et triomphe aux élections législatives. Le calendrier électoral (élections européennes, présidentielles, municipales) ébauche le contour de ses ambitions. Quelques semaines plus tard, l'OM remporte la Coupe d'Europe, Tapie retrouve son costume de saint-bernard hexagonal. L'idole des banlieues défie la norme. Cet homme est invicible, habité d'une énergie surnaturelle. Mais cette fois Bernard Tapie a forcé la chance.

PREMIÈRE PARTIE

1

Tapie en banlieue

En Bavière, un soir de printemps de l'année 1993. Le réalisateur de la télévision allemande a choisi pour quelques instants un plan fixe et serré sur un homme dans les tribunes de l'Olympisch Stadium de Munich, un homme aux traits figés, aux dents serrées, au regard immobile, noir et dur. Mâchoires et épaules carrées, il dégage une incontestable puissance. Alors que plusieurs milliers de spectateurs rugissent et trépignent aux exploits des vingt-deux joueurs, que des millions de téléspectateurs attendent l'imminent coup de sifflet de l'arbitre, l'homme, engoncé dans son blazer aux boutons dorés et à la coupe croisée un peu juste, semble impassible.

Le succès des onze joueurs marseillais en train de réaliser un exploit en battant le Milan AC, une équipe légendaire, est pourtant le sien. Cet homme de cinquante ans a bâti seul cette équipe, a choisi seul les footballeurs qui l'ont composée et, souvent, les a dirigés seul, renvoyant les meilleurs entraîneurs du monde pour décider, seul encore, de la tactique de jeu ; seul, enfin, pour trouver à tout prix les milliards nécessaires.

Où vont les pensées de Bernard Tapie ? A ce môme, fils d'ouvrier, qui jouait au football dans les rues du Bourget, à son épouse qu'il embrassera quelques minutes plus tard, à cette revanche sur l'*establishment* dont le Milan de Silvio Berlusconi est l'emblème, à une carrière politique qui s'ouvre, royale, ou aux nuages que certains envieux ont poussés au-dessus de sa tête, quelques jours plus tôt, afin qu'il ne savoure pas complètement son bonheur ?

En cette douce nuit munichoise, le président de l'Olympique de Marseille est un héros incontesté. Son triomphe est l'aboutissement d'une destinée, Tapie est un Rastignac de banlieue, un Vidocq des affaires, un Fanfan la Tulipe de la politique. Lui se voit en Bibi Fricotin.

Au coup de sifflet final, un autre homme apparaît. Il serre longuement sa femme dans ses bras — ah, la famille ! — et étreint Jean Fournet-Fayard, l'homme qu'il déteste le plus. Le président de l'Olympique de Marseille n'a pas de rancune particulière à l'égard du président de la Fédération française de football (FFF), mais ce dernier incarne tout ce qu'il honnit : un grand bourgeois lyonnais représentant à la fois l'ordre établi et les institutions. Quelques instants plus tard, descendu sur la pelouse pour participer à la liesse, Bernard Tapie séchera d'un geste maladroit, de ceux dont il n'a pas l'habitude, une larme, puis deux. En quelques minutes Bernard Tapie a montré de manière spectaculaire des sentiments habituellement mieux dissimulés, une impassibilité totale qui cache un « lézard à sang froid », un cynisme sans bornes, une amoralité consommée et une chaleur dont il a fait commerce mais qu'il a coutume de mieux contrôler. Un curieux mélange de froid et de chaud, d'eau et de feu, qui cohabitent sans cesse et révèlent un personnage bouillonnant dont ni la personnalité ni la carrière ne correspondent à un profil établi.

Le vrai Bernard Tapie est bien celui que l'on entend ou que l'on voit, d'une brutalité excessive, physique ou intellectuelle, un homme à l'intelligence immédiate et fulgurante mais peu raisonnée et guère raisonnable. Un animal d'instant et d'instinct, une bête de scène qui s'est forgé une légende en puisant dans un itinéraire un peu raccommodé et maquillé.

Bernard Tapie est un vendeur, un formidable vendeur. « Il vendrait du sable aux Arabes », disent les uns, « des confettis à la sortie d'un cimetière », disent les autres, « père et mère », ajoutent certains. Naturellement, son premier métier fut de vendre des télévisions et des voitures. Mais il faut remonter encore quelques années en arrière pour trouver les clés qui ouvrent des portes plus secrètes.

Nous ne reviendrons pas sur toutes les contradictions entre la vraie vie de Bernard Tapie et celle qu'il a racontée dans le but de façonner une *success story* de poulbot-miséreux-devenu-milliardaire-à-la-force-du-poignet. *L'Aventure Tapie, enquête sur un citoyen modèle*[1], dont de très courts extraits ont été repris dans ce livre, décortique cet itinéraire pour essayer de coller à la vérité. L'exercice n'a pas été facile et il est évident que sur certains passages la vérité est méconnue. Car Bernard Tapie cloisonne sa vie parfaitement. Ses proches, ses meilleurs amis ne connaissent qu'une partie de ses activités. Tous imaginent à tort détenir l'essentiel. Ceux qui sont des voyages sur le *Phocéa,* ceux du stade-vélodrome, ceux qui l'ont vu le dimanche dans la panoplie du beauf en son palais de la rue des Saints-Pères sont persuadés de tout savoir. Bernard Tapie manie la confidence avec un art abouti et trompeur. Il s'adapte à chacun, récite un discours pour tous. Il n'a pas d'éminence grise, de gourou, d'ami de toujours, de confident. Il a beaucoup caché, même aux femmes, Michèle, Dominique, ou sa mère, très souvent pour les ménager.

Résumons les épisodes précédents : Bernard Tapie a passé toute sa jeunesse au Bourget, au nord-est de Paris, une banlieue populaire mais non miséreuse. Jean, son père, est ouvrier chauffagiste à La Courneuve et Raymonde, sa mère, une banlieusarde, exécute quelques travaux de couture. Les mioches de la famille Tapie sont d'ailleurs toujours tirés à quatre épingles.

A la Libération, le fils aîné, Bernard, né à Paris, a deux ans. Jean et Raymonde, mariés durant l'été 1942, louent un modeste appartement au premier étage d'une petite maison située dans une ruelle du Bourget. Le logement est sans confort et les toilettes au bout du jardinet. Les Tapie sont quatre dans un trois-pièces exigu, mais cela n'a rien d'extraordinaire à cette époque de pénurie. Les Luce, en face, sont sept dans quatre pièces. Raymonde élève ses deux fils, Bernard et Jean-Claude, avec un soin extrême. Mme Tapie inscrira ses fils à des cours de musique — Bernard joue du violon, Jean-Claude du piano. Les premières années d'école sont sans histoires. « Bernard, se souvient l'une de ses institutrices, est un garçon peu attachant, insensible, qui ne montrait pas d'affection, ni pour moi ni pour ses camarades, mais qui était toujours très poli et bien habillé. » L'élève Tapie est moyen, pas médiocre.

A dix ans, ses résultats scolaires commencent à se détériorer. Il est plus attiré par le sport et les exercices de Paul André, qui, tous les soirs, initie bénévolement les gamins du Bourget à la gymnastique ou au handball. Bientôt, l'aîné des Tapie préfère le sport à ses bouquins, la castagne à la dictée. « Beaucoup se vantaient de faire le saut périlleux, seul lui savait le faire », se souvient l'un de ses camarades. L'élève Tapie s'aperçoit rapidement que dans ce domaine il est le meilleur de sa classe. Il montre un bel acharnement, aime gagner mais surtout n'aime pas perdre. Il court vite, saute haut, sait se faire respecter et brigue les premiers prix de gymnastique. Dans les autres matières, les résultats chutent vite et le passage dans la classe supérieure devient chaque année plus délicat.

Bernard et Jean-Claude vivent avec les copains et surtout avec leur mère. L'aîné apprécie les longs câlins sur ses genoux, qu'il fera, dit-il, jusqu'à dix-sept ans. Avec son père les rapports sont très différents. Jean est issu d'une famille de paysans de l'Ariège, où la terre est aride et les habitants peu bavards. Jean travaille, « se défonce », dit Bernard, prend des cours du soir. Il parle peu et n'a pas le compliment facile. L'incompréhension entre Jean et Bernard, son fils, est inévitable. D'autant que, raconte Tapie, Jean-Claude « a hérité davantage que moi de son tempérament, si bien qu'il s'est assez vite créé entre eux de nombreuses affinités ». Jean-Claude se rapproche de son père, Bernard s'en éloigne : « J'avais tendance à prendre sa réserve pour de l'indifférence. »

Jean-Claude est plus effacé, dans l'ombre d'un grand frère qui est déjà, dans la cour d'école, un gamin énergique, entraînant, exubérant, au besoin teigneux, capable d'user de son charme pour convaincre et ne redoutant pas de faire le coup de poing pour étayer ses thèses. Pendant toute l'adolescence de Bernard, les liens ne cesseront de se distendre entre le père et son fils. L'aîné aime de moins en moins l'école, il arrive en retard, ne travaille pas et sèche les cours. Le père est de plus en plus furieux. Il gifle et cogne, parfois très fort. Bernard regrettera trop tard de ne pas y être allé, de ne pas avoir appris. Il veut pourtant prouver à son père qu'il est le meilleur, en gym, en natation, en handball. Jean ne comprend pas ou ne le montre pas.

Les rapports entre eux deux ne sont pas détestables pour autant. La vie des enfants Tapie est plutôt agréable par rapport à celle des autres gamins du quartier. Très vite, Jean possède une voiture, ce qui est la marque d'un luxe indéniable. Chaque année, la famille Tapie part en vacances, fait le tour de France selon un rituel immuable : elle visite d'abord une région, puis va dans le Sud-Est et, enfin, Jean laisse, pour le deuxième mois, sa femme et ses deux enfants dans un camping sur les bords de Marne et les rejoint tous les soirs. Bernard et Jean-Claude en garderont des souvenirs merveilleux.

En fin de quatrième, ses professeurs refusent à Bernard le passage en troisième. A partir de là, sa scolarité devient une énigme. Plus tard, il intègre une école d'électricité à Paris, mais nul ne sait — pas même sa mère — pour quels résultats, pour quels diplômes.

Bernard Tapie gardera un vrai complexe de cette période mais, phénomène connu, ne le développera que plus tard. A la fin des années cinquante, l'adolescent Tapie est resplendissant. Et déjà adore la victoire et n'aime pas la contradiction. Il met à profit toutes ses qualités pour être le chef de sa petite bande de banlieue, le capitaine de l'équipe de handball du club municipal du Bourget, puis de celui d'Aubervilliers. Dans son championnat, l'équipe de Tapie remporte quelques beaux succès. Bernard et deux autres de ses camarades sont conviés à des présélections pour l'équipe de France junior. Mais Bernard Tapie en fait trop. Il explique le handball à son entraîneur. Ce n'est pas du goût du sélectionneur.

Tapie montre un culot incroyable et un don de persuasion extravagant. « C'est la séduction totale », se souvient son copain le plus proche. Bernard a ses petits secrets, échange quelques baisers avec la jeune coiffeuse pour avoir toujours les cheveux bien coupés. L'adolescent plaît et remporte les concours de flirt que font les ados du Bourget.

A ses copains Bernard raconte avec un tel talent les histoires les plus rocambolesques qu'ils n'arrivent pas à démêler le faux du vrai de ses fariboles. Il est le roi de la combine, un as de la supercherie.

Il semble aussi avoir quelques difficultés avec les notions de bien et de mal.

Lors de la rentrée scolaire, il se trouve plus à l'aise dans les bistrots et les parties de flipper que dans les salles de l'école d'électricité industrielle. Rapidement, il tourne le dos à cette scolarité, non sans une certaine amertume. Le jeune homme Tapie n'aime pas ces jeunes bourgeois parisiens qui roulent en scooter.

Au service militaire, sa vie change, il comprend qu'« on peut grimper ». Il domine ses camarades, il a, selon le curé de la chambrée, un magnétisme considérable. Il est heureux mais cloisonne déjà sa petite existence et possède le goût du secret. Ses camarades ne connaîtront jamais le nom de sa petite amie, ni même son prénom, Michèle. Elle deviendra sa femme et ils auront deux enfants.

2

Tapie fait du music-hall

Dessin réalisé sur une palette graphique
pour l'émission « Nulle part ailleurs »
sur Canal + en 1993.

Après la quille, Tapie reprend le métier qu'il avait choisi avant son incorporation, la seule profession à laquelle il était destiné : vendeur. Il vend des voitures et surtout des télévisions, boulevard de Charonne. Il devient le maître du porte-à-porte. Il fourgue les télés avec inspiration. Au Bourget, déjà, il vendait de sonnette en sonnette le journal du collège, *A tire-d'ailes*. Très vite il s'offre de belles voitures décapotables et entend profiter de son argent mais, surtout, il veut devenir quelqu'un, il veut devenir célèbre.

Le vendeur de télévisions se lance dans la chanson, une passion d'adolescent. En 1966, Il devient « Bernard Tapy », enregistre quelques quarante-cinq-tours, effectue plusieurs tournées et participe à ses premières émissions de télévision. Sa carrière est un vrai flop, mais, s'il ne vend pas, il sait se vendre. Tapy est déjà Tapie : « Bernard Tapy, vingt-deux ans, fils de Ménilmontant, est un personnage hors série. Fils du peuple, il garde de ses origines une gouaille bien sympathique et le sourire plein de charme du titi parisien. Parti de peu, Bernard Tapy a monté une affaire industrielle qui marche très fort et possède le don particulier de réussir tout ce qu'il touche [...] il se distingue par une personnalité très typée, un punch, une force expressive qui font toute sa valeur et toute son originalité. » Trente ans plus tard, ce Tapy-là est toujours d'actualité. Il abandonne très vite la chanson mais gardera une gourmandise et un don exceptionnel pour la scène.

En guise d'« affaire industrielle », Bernard Tapie a ouvert un magasin de télévisions gare de l'Est. Ce jeune patron a quelques bonnes idées pour vendre. S'il était plus riche, il se lancerait dans le sponsoring. Car il a une autre passion : la course automobile. Il explique aux pilotes qu'il faudrait appliquer des autocollants sur les voitures et faire de la promotion pour payer les frais de course. Les autres tournent le dos. Ils ont tort et Tapie a eu raison trop tôt. Il fera de la compétition automobile pendant quelques années, dans les courses de côte avec une Ferrari, en formule 3 avec une Lotus, mais arrêtera après un sérieux accident à Troyes. Il en gardera le goût des puissantes « bagnoles ». Il conduit à la limite ses Jaguar, Porsche, Ferrari, Lamborghini, Mercedes, BMW. Il les aura toutes et les cassera souvent.

La course et les voitures coûtent cher. Pour courir, Bernard Tapie est obligé de travailler, pour travailler de vendre, pour vendre d'inventer. Il crée le Club bleu. Grâce à une carte payée 40 francs, les membres du Club bleu bénéficient de diverses remises et avantages dans plusieurs magasins. Le système fera ses preuves mais sans Bernard Tapie car celui-ci n'a déjà pas beaucoup d'attirance pour la gestion ou pour la « pérennité », un mot dont, pourtant, il raffole. En 1969, il rencontre un homme qui va tout lui apprendre : Marcel Loichot, polytechnicien, gaulliste de gauche et théoricien de la participation. Loichot est un intellectuel reconnu, fondateur de la SEMA (Société d'études et de mathématiques appliquées) et de la SOFRES, un financier respecté de la place, mais aussi « un type particulier, d'une intelligence fabuleuse mais paralogique. Il était bizarre, tordu, un homme âpre au gain, mais plus par perversité intellectuelle que par besoin », se souvient l'un de ses proches.

Marcel Loichot et Bernard Tapie s'associent dans Le Grand Dépôt, autre idée ingénieuse, qui, une fois de plus, aboutira sans Bernard Tapie, faute de persévérance de sa part. Le Grand Dépôt fait du super-discount, des produits encore emballés mais à des prix attrayants. Au contact de Loichot, Tapie apprend toutes les ficelles du métier et montre une capacité d'assimilation exceptionnelle. Cependant, l'affaire tourne mal. Elle est déclarée en faillite et Bernard Tapie se retrouve seul devant les mandataires de justice, qui, dans l'urgence, évaluent à 100 000 francs des biens que lui estime à 2 millions de francs. Il n'oubliera pas cette leçon essentielle : la valeur des créances varie en fonction du temps consacré à les réaliser. Il apprend comment 1 peut faire 20 et inversement.

Le Grand Dépôt sombre et les enquêteurs découvrent que Bernard Tapie a effectué quelques travaux personnels sur le dos de la société : de l'« abus de biens sociaux ». Il cherche quelques conseils et un peu de réconfort chez Marcel Loichot. La réponse est cinglante : « Ma notoriété est acquise, je suis chevalier de la Légion d'honneur, je ne donnerai pas un centime. » Tapie pleure. L'échec est terrible. Mais il en tirera une force extraordinaire — sa hargne contre les notables va devenir de la haine. En 1992, lors de la vente manquée de La Vie claire, il rappellera cet épisode à Pierre Botton, en délicatesse avec la justice.

Loichot ne paie pas et Bernard Tapie doit rembourser 1,25 million de francs, une somme importante. Pour s'en acquitter, il continue de vendre et organise pour une société un réseau de vente d'appartements en multipropriété. Il parvient très rapidement à rembourser ses dettes. Il mène grand train, achète la superbe villa du pianiste Cziffra à Cormeilles-en-Parisis, roule en Rolls, sa nouvelle compagne en Porsche. Il traite plusieurs affaires, dont la réalité, mal connue, excite aujourd'hui bien des fantasmes. Il est vrai que ses activités d'« ingénieur-conseil » sont assez floues. Il a, semble-t-il, travaillé sur des problèmes de marketing pour Avon ou les produits Mességué.

En 1977, par exemple, il tente de racheter un casino à Luc-sur-Mer : un aller et retour rapide dans cet établissement qui appartient aujourd'hui à Georges Tranchant. Le monde est petit. Bernard Tapie est déjà riche mais économise peu car il joue beaucoup.

Ce Tapie-là a toujours des idées et des revanches à prendre, contre les médecins en particulier. Il a assisté, dit-il, au décès de sa tante par la faute d'un médecin négligent. Il aurait vu l'un de ses oncles foudroyé d'une crise cardiaque après une erreur de diagnostic. Il est obsédé par les problèmes de santé, par la maladie, par la mort. Il décide de créer un réseau d'assistance aux cardiaques. Le principe est simple : moyennant un abonnement de 800 francs par an, les personnes souffrant de problèmes cardiaques pourront recevoir des soins appropriés en urgence grâce à un organisme possédant toutes les données médicales sur leur santé, notamment un électrocardiogramme, référence indispensable pour obtenir un diagnostic sérieux et pratiquer la bonne intervention.

Il lance son projet en grande pompe, avec cocktail et pages de publicité. Il annonce que Cœur Assistance et Cœur Assistance

Distribution, deux sociétés majoritairement détenues par sa compagne, Dominique Mialet-Damianos, disposent de cinq voitures et de sept motos prêtes à secourir les cardiaques. Le projet est séduisant. Associé à un médecin et à un promoteur immobilier, Bernard Tapie a omis deux détails : les sommes nécessaires ne sont pas réunies et, surtout, il n'a pas sollicité la bienveillance du Conseil de l'ordre.

Cœur Assistance ne fonctionne pas et Bernard Tapie ne parvient pas à vaincre les corporatismes. La société se dirige tout droit vers la faillite. Pis, un abonné décède malgré les soins d'un assistant manipulateur, puis d'un médecin. Ce fiasco est dénoncé dans toute la presse. Tapie est écœuré par ce qu'il croit être un acharnement, une manipulation, un complot — un autre de ses mots favoris. Huit personnes sont finalement condamnées pour publicité mensongère et infraction aux lois sur les sociétés. Bernard Tapie attache une énorme importance à cet échec. Il est surtout ulcéré par cet ordre établi qui, en permanence, lui donne des leçons et abuse de son autorité. Les notables l'exaspèrent et son jeu le plus cruel sera de les humilier, de les écraser.

En 1977, le bilan de Bernard Tapie est peu reluisant. A trente-trois ans, il a cumulé faillite et condamnations. Beaucoup auraient abdiqué pour la moitié de ses ennuis, mais il a considérablement appris et a décidé de se battre. Dans *Gagner*, son autobiographie quelque peu romancée et aux faits très souvent inexacts, Bernard Tapie remercie tous ceux qui ont entravé sa marche : « Quelle belle gymnastique ils m'ont fait faire ! Quels muscles ils m'ont permis d'acquérir[1] ! »

Nanti de cette nouvelle musculature, Bernard Tapie jette ses forces dans la bataille. En 1977, l'ancien chanteur se lance dans une spécialité qui fera rapidement sa gloire : la reprise de sociétés en difficulté. « Je veux être industriel », clame-t-il à son premier conseil. Il plante les premières bases du fameux « système Tapie ». L'ancien vendeur fait son coup d'essai sur deux entreprises papetières, Diguet-Deny et Duverger. Duverger est à vendre mais Tapie échoue : le vendeur, M. Kantor, n'a pas confiance. Pourtant, à force de provoquer la chance, la fameuse baraka de Tapie commence à se manifester : quelques mois plus tard, le propriétaire meurt d'une crise cardiaque. Tapie retourne négocier avec la veuve. Et lui qui a bâti sa légende sur les entreprises rachetées pour 1 franc symbolique va payer sa première société très cher : 9 millions de francs.

Pour acquitter cette somme, le repreneur va trouver plusieurs astuces. Duverger possède une usine, un immeuble évalué à 5 millions et une trésorerie de 2,8 millions. Tapie propose un marché à la veuve Kantor. Il sort l'immeuble de l'actif grâce à un jeu d'écritures. Il reste à payer 4 millions. Il ne possède que l'hypothèque de sa villa pour une valeur de 800 000 francs. Encore 3,2 millions à trouver...

Il déniche alors une autre entreprise du secteur, Diguet-Deny, dans l'Eure, dont la situation est catastrophique après que l'ancien propriétaire eut perdu son principal client, Hachette. Bernard Tapie acquiert la société pour le fameux franc symbolique. Nouveau propriétaire, il court consulter un établissement bancaire, qui deviendra son banquier fétiche. Il lui propose de lui vendre Diguet-Deny au prix de 2,5 millions, puis, quelques heures plus tard, de la lui racheter 2,8 millions.

Il retourne voir la veuve Kantor et la convainc de céder Duverger pour 2,5 millions. La proposition est acceptée. Avec les 2,8 millions de la trésorie de Duverger, il honore son engagement auprès de la banque. En quelques jours, Bernard Tapie est devenu chef d'entreprise, propriétaire de deux sociétés spécialisées dans le papier. Rapidement, il achète deux autres firmes, la SAPAP et Brochage Express.

Bernard Tapie voit grand. Il crée une société holding, Tapie et Compagnie, et s'installe près de l'Étoile, avenue de Friedland, au 24, où il loue un appartement en guise de siège social. Son groupe grossira mais il ne déménagera plus. Tapie applique rapidement ses propres méthodes de gestion. Un soir, il convoque une dizaine d'ouvriers. Le préambule est brutal : « Vous êtes tous des cons, vous êtes virés. » Il déverse un flot d'injures, puis, quelques minutes plus tard : « Bon, finalement vous êtes sympas, je vous garde mais bossez. » La technique du jeune patron est bien rodée. Un numéro dont l'interlocuteur a le sentiment de sortir copain, ami ou associé, qu'il ait perdu son entreprise ou sa place de titulaire à l'Olympique de Marseille. Tapie gardera cette tactique de la claque et de la caresse pour séduire.

Le PDG restructure rapidement Diguet-Deny et Duverger et les événements confirment que la roue a tourné. « A mon sujet, dira un jour Bernard Tapie à Valéry Giscard d'Estaing, il y a les optimistes et les pessimistes. Les seconds m'expliquent que dans trois ans j'aurai disparu, les premiers m'en donnent cinq. Ils oublient deux choses : ma méthode et ma chance. » Tapie a la baraka et il le sait.

Cette année-là, justement, une réforme de l'Éducation nationale contraint les éditeurs à de nouvelles versions des manuels scolaires et Mame, le principal concurrent, est victime d'un incendie. L'industrie papetière marche bien et l'on croit Bernard Tapie installé quand il se défait de l'ensemble, avec de très belles plus-values. Bernard Tapie a trouvé sa vocation : il achète, restructure et revend.

La chanson, la compétition automobile, Cœur Assistance ont apporté une toute petite notoriété, son nom sur des affiches, quelques articles qui l'ont blessé. En octobre 1979, ce repreneur qui file vers la quarantaine va soudain être projeté sur la scène médiatique pour une affaire étrange.

Tapie et l'un de ses collaborateurs s'envolent vers la Côte-d'Ivoire. Les deux hommes ont un laissez-passer pour pénétrer dans les plus hautes sphères ivoiriennes depuis que Dominique, la compagne de Bernard Tapie, a rencontré la femme d'Houphouët-Boigny, Thérèse. Tapie est-il parti de Paris avec l'intention de rencontrer Jean Bédel Bokassa ou a-t-il eu cette idée dans l'avion en voyant tous les journaux parler de l'empereur assigné à résidence en Côte-d'Ivoire ? Empereur déchu de Centrafrique, « Papa Bok » a perdu le pouvoir, mais pas ses biens français, quelques châteaux en Sologne et dans la région parisienne et une superbe villa sur la Côte d'Azur. En France, les hommes politiques débattent sur l'opportunité de saisir ses biens et de les nationaliser.

Le PDG de Diguet-Deny et Duverger, qui a tenté d'acheter Draeger, une société spécialisée dans l'impression de certaines monnaies africaines, saisit l'occasion. Il obtient l'autorisation de rencontrer Jean Bédel Bokassa. Il arrive avec les recommandations de Thérèse et, assure-t-il, en accord avec l'Élysée. Il explique à l'empereur déchu que ses biens vont être saisis par l'État français et qu'il vaut mieux les lui vendre. Devant les doutes de Papa Bok, Tapie se fâche : « Votre famille va finir sur la paille. Ils vont finir dans la misère à cause de vous », et somme Bokassa de conclure l'affaire dans la journée. Roublard puis autoritaire, Bernard Tapie réussit à enlever les châteaux et fait signer l'acte de vente à Bokassa devant un notaire d'Angoulême.

Le notaire et le collaborateur repartent vers la France. Soudain, Tapie affirme qu'il veut vendre les châteaux et céder le produit de l'opération à l'UNICEF. Le geste chevaleresque séduit la presse française. Mais la vente n'aura jamais lieu. L'ex-impératrice Catherine, femme de Bokassa, se plaint en effet au gouvernement français des manœuvres de ce M. Tapie. La vente est annulée et l'acheteur sera condamné. Le tribunal d'Abidjan a estimé que le consentement de Bokassa « a été vicié par les violences et manœuvres dolosives utilisées par M. Tapie ».

Dans cette aventure digne des Pieds nickelés, le patron de Duverger a raflé une jolie mise. Il s'est fait connaître de toute la France et n'a pas l'intention d'en rester à ce magistral coup d'essai. Les magazines s'intéressent très vite à lui.

Le repreneur a trouvé un moyen d'acquérir de la notoriété sur le nom des autres, sur la marque des autres. La crise laisse beaucoup de cadavres, dont des entreprises très connues qui n'ont pas su s'adapter. L'une des marques françaises les plus célèbres, Manufrance, la manufacture d'armes, et son célèbre catalogue de vente par correspondance sont à la dérive. Les patrons se sont succédé au chevet de la « vieille dame », aucun n'a trouvé de remède miracle pour la sauver.

Bernard Tapie est alerté par un syndic avec lequel il a traité la reprise d'Omniviandes, une petite société lyonnaise de négoce. Il n'a aucune chance de redresser Manufrance, mais il reste beaucoup d'actifs à réaliser, un réseau de magasins, un journal à succès (*Le Chasseur français*) et les immeubles du cours Fauriel, dans le centre de Saint-Étienne. Il fait alors un raid éclair, élimine son principal concurrent à l'issue d'un épisode invraisemblable et devient PDG de la manufacture. Bernard Tapie ne fait rien pour Manufrance mais il se fait un nom. Manufrance est dépecée, « vendue par appartements ». Et même s'il jure qu'il a repris quarante-deux sociétés, réussi ces quarante-deux reprises et honoré ces quarante-deux concordats, Manufrance est placée en liquidation judiciaire en 1986.

Cet homme est un sauveur, il a voulu sauver l'honneur de la France en vendant les châteaux de Bokassa et en tentant de relever Manufrance. En ces temps, chacun apprécie le panache du virtuose et ne se soucie guère des méthodes employées. Le repreneur entre avec fracas dans la décennie. Inconnu quelques mois plus tôt, Bernard Tapie sera, en 1983, une véritable star, une bête de télévision, un homme adulé pour son courage, ses succès, ses méthodes et son argent.

3

Tapie passe à la télé

Le Monde, 8 décembre 1993.

La gauche arrive au pouvoir en mai 1981. Il est très malvenu d'exposer ses richesses, d'exhiber les succès individuels. Les patrons se terrent, Bernard Tapie surgit. En quatre ans, il rachète les cinq sociétés, mais surtout les cinq marques qui vont faire sa gloire : La Vie claire, Terraillon, Testut, Look et Wonder. Rien de comparable entre du pain diététique, des balances, des fixations de ski et des piles, mais il n'a aucune volonté de monter un groupe industriel.

La méthode de reprise de Bernard Tapie, qui a fait l'objet d'études savantes, tient avant tout au talent et au culot de l'homme. A-t-il une technique, une botte secrète ? « Pas du tout, répond un avocat, il n'a pas de discours logique, préétabli, mais s'adapte à une vitesse inouïe aux besoins, aux sentiments de son interlocuteur. Il analyse dans l'instant une inquiétude, une joie dissimulée, un doute et change de registre en quelques secondes si cela s'impose. »

Les dons de Bernard Tapie ne sont pas tout et chacune des firmes qu'il reprend possède des caractéristiques précises et identiques. Toutes appartiennent encore aux familles qui les ont fondées et qui se désespèrent de leur déclin. Le plus souvent, les héritiers ne se montrent pas à la hauteur des fondateurs ou sont fâchés entre eux (Terraillon). Ils craignent d'être les fossoyeurs de la marque ou veulent aider leur père et vont chercher Bernard Tapie. Celui-ci les réprimande, met le doigt sur leurs faiblesses mais sait aussi les comprendre, les rassurer et les réconforter. Il leur explique que, certes, il prendra une partie du capital, majoritaire bien sûr, mais il leur en laissera un bon morceau. En outre, ils pourront continuer à diriger leur entreprise. Ensemble, ils vont faire du bon boulot, la boîte repartira, l'honneur sera sauf. Et tous signent, pour 1 franc car, évidemment, les sociétés sont en très mauvaise santé. Bernard Tapie promet la direction de l'entreprise au fils Terraillon ou au gendre Beyl (Look), il promet de loger — oui, de loger ! — les parents Geoffroy (La Vie claire) et de leur laisser une place au conseil d'administration, il promet aux sœurs Dassler (Adidas) que le berceau de la société restera à Herzogenaurach et qu'elles auront un accès libre et gratuit au magasin d'usine. Eh oui, la vente aboutit parfois grâce à des petits riens, comme pour ces quatre sœurs Dassler qui vont chacune toucher 400 millions de francs et quémandent la gratuité dans un simple magasin de chaussures.

La deuxième phase de l'opération est moins empirique, moins instinctive. Elle est scindée en deux parties très distinctes, l'aspect juridique, traité par les avocats, et la relance de la société, par Bernard Tapie, qui, pendant quinze jours, parfois un mois, mais jamais plus, va s'occuper d'elle sur un plan « psychologique ». Ce n'est jamais très agréable. Les anciens propriétaires et dirigeants sont rapidement mis sur la touche et montrés du doigt en public : « Face à la concurrence, vos patrons, ils ont desserré une première fois la ceinture, ils ont une deuxième fois baissé la culotte, la troisième, ils se sont fait mettre comme il fallait », déclare-t-il aux salariés de Wonder. La technique est bien rodée : une brutalité excessive qui doit placer chacun devant ses responsabilités : « Si la plupart des firmes françaises qui atteignent cinq cents salariés comptent un improductif pour deux productifs, cette évaluation est de deux improductifs pour un productif chez Look. » Pour restructurer, il faut licencier et Bernard Tapie va lui-même annoncer les mauvaises nouvelles. Chez Look, debout sur une table à la cantine, il donne un par un les noms des personnes licenciées. Chez Diguet, il arrive même en queue-de-pie. L'effet est garanti, notamment pour ceux qui restent, « les meilleurs », précise-t-il, accrochant ainsi une épée au-dessus de la tête de chaque salarié.

Ce nettoyage systématique est parfois sordide. Chez Wonder, il agite des leurres devant les employés les plus défavorisés, embauchant une assistante sociale chargée de répertorier les problèmes de chacun. Lors de la première charrette de licenciements, tous les personnels « à problèmes » sont virés. Le carnage social est tel qu'il constituera l'un des exemples qui pousseront le gouvernement, en 1986, à réviser la loi de 1967 sur les faillites.

Tout le système de reprise tourne en effet autour de cette loi, qui autorise les licenciements sans frein et qui donne de sérieuses facilités sur le plan financier. Le concordat permet notamment une restructuration des dettes, qui peuvent être diminuées en volume et étalées dans le temps. Ces modalités sont déterminées lors d'une assemblée concordataire entre le nouveau repreneur et les fournisseurs, conclue par un vote. Bien conseillé, Bernard Tapie a trouvé une astuce pour s'assurer un vote majoritaire lors de cette assemblée, tout en ramassant au passage le plus d'argent possible. Avant de reprendre le capital d'une société, il faut examiner deux données fondamentales : l'actif net circulant et la structure du passif, divisé en deux parties, les créances privilégiées — toutes celles dues aux services de l'État (URSSAF, impôts), qu'il faudra rembourser totalement et en priorité — et les dettes non privilégiées, dites chirographaires — essentiellement dues aux fournisseurs. Il faut donc être très attentif et choisir des entreprises qui ont le maximum de dettes chirographaires. Lorsqu'il reprend le capital d'une société, Bernard Tapie va voir les fournisseurs et leur propose de racheter leurs dettes entre 10 et 50 % de leur valeur. Les fournisseurs acceptent régulièrement car ils savent que par le biais du concordat ils ne recouvreront leurs créances que partiellement et, peut-être, dix ans plus tard. Le repreneur devient donc le principal créancier de sa propre société. Il n'a alors aucune difficulté à faire voter un concordat, qui prévoit souvent un remboursement à 100 % des dettes. Plus la société rembourse, plus Bernard Tapie gagne de l'argent.

Dernière étape de la restructuration : pendant quelques semaines, Bernard Tapie multiplie les opérations de charme et les coups publicitaires. Pour cela, il n'a pas besoin de gros budgets, sa verve et son bagout suffisent. Il passe largement par la presse en donnant de multiples interviews, colle le logo de Look sur son avion, promène les distributeurs chez Terraillon, marche à la Wonder dans les spots publicitaires, gesticule à la télévision entre Véronique et Davina pour prouver une forme éclatante. Il prédit un avenir radieux à chacune de ses entreprises : « Nous serons le numéro 1 mondial », proclame-t-il pour Wonder. Il annonce des chiffres invraisemblables pour Terraillon. Il s'occupe personnellement du marketing, son métier de base, et les salariés sont ravis que la société connaisse un redémarrage.

Quand toutes les grandes lignes de la restructuration sont menées à bien, dans un temps assez court, Bernard Tapie peut revendre efficacement. Le piège dans lequel il ne doit pas tomber est la gestion des entreprises. Personne ne sait si Bernard Tapie est capable ou non de gérer une entreprise car il ne l'a jamais fait. Il se désintéresse très vite de ses proies, en abandonne rapidement la gestion quotidienne et n'effectue pas les investissements nécessaires au développement. Ainsi, chaque fois que Bernard Tapie garde trop longtemps une société — c'est vrai dans tous les cas de figure, Terraillon, Testut-Trayvou et La Vie claire, sa situation devient catastrophique. En revanche, s'il cède très vite après la restructuration, ses talents de vendeur lui rapportent des bénéfices considérables. Look, rachetée pour 1 franc en 1983, est vendue 260 millions de francs à un tandem américano-suisse constitué de l'homme d'affaires John Jellineck et du patron des montres Ebel. C'est en 1986, au temps de la ruée sur les entreprises et sur la Bourse. Le bénéfice personnel de Bernard Tapie tourne ici autour de 200 millions de francs.

Autre coup de génie : Wonder. Après avoir fermé plusieurs usines, licencié plus de mille deux cents personnes sur un peu plus de deux mille, après avoir demandé le secours de Bouygues — qui ne le regrettera pas — lors du rachat de Saft-Mazda, Bernard Tapie cède Wonder au géant mondial de la pile, Ucar. Rachetée en septembre 1984 1 franc (puis 320 millions de francs pour Saft-Mazda en 1985-1986), la firme est vendue quatre ans plus tard, en décembre 1988, près de 1 milliard de francs. Dans les différentes opérations liées au rachat et à la vente de Wonder (plus-value sur la vente, opérations boursières, rachat de créances), Bernard Tapie empoche la somme astronomique de 470 millions de francs.

Il se débarrasse aussi très vite des sociétés qu'il n'a pas la capacité de restructurer, notamment dans les entreprises textiles, les raquettes Donnay, ou, pour finir, Adidas, sans négliger une éventuelle plus-value. Comme d'autres, Bernard Tapie a bâti sa fortune sur un savoir-faire précis, la restructuration. Bien sûr, l'envers du décor est crasseux et la casse humaine injuste. Bernard Tapie — ce n'est pas une justification — n'est pas le seul dans ce cas et beaucoup d'industriels aujourd'hui admirés ont procédé avec la même brutalité mais ont préféré s'épanouir dans l'ombre.

Le repreneur Tapie, lui, a besoin des projecteurs, d'une scène, d'un micro, d'un plateau et d'une assistance pour faire son numéro. Il aurait pu être faiseur de fric ordinaire, mais ce ne fut jamais sa motivation essentielle. Il préfère étaler l'argent et les plaisirs qu'il procure.

Longtemps Tapie a été un modèle pour étudiants ambitieux des écoles de commerce, à qui il vend sa réussite ; un mythe pour les gosses de banlieue, à qui il vend le gamin-parti-de-rien. Mais Tapie, c'est surtout une époque. C'est le temps où le pouvoir socialiste vire sa cuti, range les « cent dix propositions » au fond d'un tiroir et exile Pierre Mauroy. Trois ans à peine après mai 1981, les socialistes se convertissent au libéralisme. Bernard Tapie, lui, a du nez et incarne cette époque paradoxale. Le repreneur, qui n'a jamais eu le sens de la mesure, n'hésite pas. Il entasse des meubles dans sa villa, surcharge ses murs de tableaux et affiche le tout sur papier glacé dans les magazines. Il veut tout, tout ce qui se fait de plus, de plus cher, la plus belle villa de Marrakech, le plus bel hôtel particulier de Paris, le plus grand voilier du monde. Tout n'est pas toujours de bon goût. Il veut lutter contre la grisaille mais le coloriage est parfois grossier. Il veut mélanger les genres, la Rolex, la Porsche avec le survêtement du dimanche. Il se raille des patrons, de leurs costumes trois-pièces, et déguste ces instants avec un immense bonheur communicatif. Les Français adorent. Ils se délectent de ce chef d'entreprise qui raconte sa vie comme un roman. L'homme a un formidable talent d'amuseur et de conteur. Il est plus à l'aise devant une caméra que n'importe lequel des animateurs du moment. De « faiseur de fric » Bernard Tapie devient un « faiseur d'audience ». Il est capable de parler de tout, de chanson, de sport, de son équipe cycliste, d'économie, de chômage, de sa femme, de ses enfants. Il fait les liaisons et les relances. Il chante, professe, danse, rit ou s'offusque.

En cinq ans, de 1983 à 1988, Bernard Tapie est devenu une

référence, un label, un antidépresseur offert à grosses doses, par voie cathodique et sans effets indésirables, aux heures de grande écoute. La crise ? « J'y suis né, j'ai grandi dedans. » Le repreneur a donné tout son temps pour acquérir ce capital. Ce Don Juan des ménagères court d'une chaîne de télévision à l'autre, d'une radio à une séance photo, il répond à toutes les interviews et n'a pas le temps de gérer ses entreprises.

« Tapie est un peu voyou ! Il incarnera très vite le fantasme collectif des Français », écrit le publicitaire Jacques Séguéla. Dans les rédactions, le sujet est incontournable. Tapie est le remède le plus sûr contre le syndrome de la page blanche. Tapie, qui ne doute jamais de lui, en est même étonné : « Mais comment peuvent-ils encore me croire ? Je leur raconte n'importe quoi et ils gobent tout. »

Le propriétaire du *Phocéa* est un fin régatier de la démagogie. Le discours est un bon « café du Commerce », les formules lapidaires et répétées : « réussir sa vie et non réussir dans la vie », les trois *r*, « rêve, rire, risque », « tant que ma femme ne demande pas le divorce ». Les hommes politiques sont « nuls », juge-t-il sans appel.

Bernard Tapie surgit à la une de tous les journaux français. Tous s'arrachent son image, son histoire — la presse populaire, de *Télé 7 jours* à *VSD,* en passant par les hebdomadaires, de *L'Express* au *Nouvel Observateur,* qui pour sa couverture le déguisera en président de la République. Les journaux économiques affichent aussi Tapie et certains lui délivreront même le titre de « manager de l'année », ce qui montre à quel point le capital médiatique a pris l'ascendant sur les données objectives, industrielles ou financières. Mais Tapie fait vendre. Toutes les études de marketing sont formelles : Tapie à la une, c'est du papier acheté. Les chaînes de télévision, qui se sont dotées d'instruments de mesure de leur audience, font le même diagnostic : Tapie à la télé, c'est de l'or en barre, quel que soit le genre de l'émission. Les plus grands animateurs testent leurs nouvelles formules avec lui, les émissions politiques soignent leur audimat en l'invitant et il détient le record de participations à *7 sur 7.* Tapie est grisé. Il passe son temps devant les caméras et abandonne ses entreprises à quelques collaborateurs peu compétents. Avenue de Friedland, dans son bureau, quatre secrétaires consacrent leur journée à découper les articles de presse et à les archiver.

En 1986, Gaston Defferre et Edmonde Charles-Roux appellent le saint-bernard des entreprises au secours de leur club de football, l'Olympique de Marseille, l'« Ohème » (OM). Tapie a désormais un territoire, Marseille, cette ville qui semble taillée sur mesure pour son bagout. Durant l'été, il confie à ses amis : « Je vais attaquer par le Sud-Est ». Gaston Defferre est terrassé par une attaque, le président n'aura pas de « père » encombrant et profitera d'une tutrice dévouée, Edmonde, qui hérite du groupe de presse de son défunt maire et mari.

Le président de l'Olympique de Marseille avoue son manque de culture politique. Certes, son père lisait *L'Humanité,* ses parents participaient à quelques réunions politiques, mais rien de très sérieux. L'adolescent du Bourget a bien collé quelques affiches pour les copains d'en face, les Luce, qui appartenaient aux Jeunesses communistes, mais lui n'a jamais adhéré au mouvement.

Tapie n'a jamais été directeur général avant de devenir PDG, il ne sera jamais militant avant de devenir député.

4

Tapie roi du contre

L'Équipe, 1er février 1993.

Un homme va intervenir dans ses projets. A l'Élysée, Jacques Attali, conseiller spécial, aime justement mener parfois des opérations spéciales. Il teste quelques personnalités qu'il pourra éventuellement présenter au président. Il invite Bernard Tapie. Celui-ci est séduit. Jacques Séguéla s'en mêle. Alors que François Mitterrand termine son premier mandat, le père de la « force tranquille » invente la « génération Mitterrand ». Avec le staff de communication de l'Élysée, Jacques Séguéla est décidé à lancer Bernard Tapie dans la bataille des présidentielles. Il a même dessiné une affiche où Tapie apparaît sur l'ombre de François Mitterrand. Le président de l'OM décline l'invitation, ce sera pour la prochaine fois.

En mai 1988, François Mitterrand est élu pour un second mandat. Le nouveau concept mitterrandien est l'« ouverture », une ouverture vers le centre, vers la société civile. La recette s'est révélée bonne. Mais le président dissout l'Assemblée et les candidats ne se bousculent pas vers l'ouverture. Cette fois, Bernard Tapie fonce. On lui offre d'aller combattre Jean-Marie Le Pen sur son terrain, à Marseille. Les socialistes de Michel Pezet ne voient pas ce parachutage d'un bon œil. On lui propose alors une circonscription perdue, la sixième, contre un proche de Jean-Claude Gaudin, Guy Teissier.

En pleine saison des transferts, Bernard Tapie entraîne l'Olympique de Marseille sur le terrain politique. La campagne du candidat Tapie est atypique. Le président de l'Olympique de Marseille échoue de peu. Il obtient pourtant l'invalidation et le droit à un deuxième essai, cette fois-ci transformé, six mois plus tard. Mais Bernard Tapie subit l'affront ne pas entrer au gouvernement. Michel Rocard ne veut pas de lui. « Tous des cons », lâche-t-il. Son rêve s'évanouit. En 1988, le président de l'OM réalise d'autres prouesses. Il pousse son *Phocéa,* transformé en bateau de course, dans une traversée de l'Atlantique.

Lui qui semble rangé des affaires ne désespère pas d'être enfin reconnu dans le milieu économique et financier, où il est encore traité d'« affairiste ». Quelle meilleure preuve qu'une introduction en Bourse, que l'appel au marché pour montrer sa valeur ? Il réunit donc ses principales participations, La Vie claire, Testut, Terraillon, mais aussi 1,5 % dans TF1. Cet ensemble hétéroclite, qui s'est appelé au fil des modes Tapie et Compagnie ou Groupe Bernard Tapie (GBT), devient Bernard Tapie Finance. La holding est introduite au second marché et son PDG assure évidemment le rôle principal dans le spot télévisé destiné à vendre des actions. Ce passage en Bourse est un fiasco pour les petits actionnaires. Cinq ans plus tard, Tapie retire Bernard Tapie Finance du marché boursier. Introduit à 135 francs, le titre est retiré de la cote à la fin de l'année 1992. Il ne vaut plus que 100 francs.

En vérité, il y a bien longtemps que les affaires ne le passionnent plus. Bernard Tapie est désormais tourné vers Marseille. Le club assure une tribune suffisamment large pour donner une surface politique au député des Bouches-du-Rhône. La loge du président est d'ailleurs un rendez-vous très prisé de l'intelligentsia politique et plus particulièrement socialiste.

Bernard Tapie a le même art du dribble qu'un Waddle : il s'offre un sublime coup d'éclat pendant la Coupe du monde en convoquant la presse internationale. Les supputations vont bon train sur un éventuel transfert de Maradona. Que peut bien réserver Bernard Tapie ? Pelé ? Platini ? Le président de l'Olympique de Marseille n'est pas venu parler de football mais d'affaires. Il a son sourire des grands jours, mi-enjôleur, mi-narquois. Bernard Tapie n'achète ni Maradona, ni Platini, mais Adidas, la marque aux trois bandes.

Tapie est ravi de l'émoi qu'il suscite. Il parle de « l'affaire de [sa] vie », celle qu'il n'abandonnera jamais, celle qui réunit tout ce qui le fait vibrer : économie, politique, sport. La France et les

Français, qui croyaient avoir tout entendu de Tapie, sont bouche bée. Leur héros est allé décrocher Adidas, une entreprise allemande. Il venge des années de complexes économiques des petits Français à l'égard du surpuissant voisin. Cet homme semble décidément invincible et doté de pouvoirs sensationnels. L'exploit prend un peu plus de relief lorsque, à peine remis de l'émotion, on apprend qu'il a payé Adidas une bouchée de pain. Il a convaincu les héritières de céder la marque aux trois bandes à un bon prix (1,6 milliard de francs), dûment fixé lors du contrat de cession. En échange, il affirme « sur l'honneur » qu'il augmentera le capital de la société pour un montant que les héritières ont fixé, ne fermera pas de site en Allemagne, autorisera les sœurs Dassler à se servir dans le magasin d'usine. Les promesses sont orales mais le président de l'OM a l'air si sincère que les quatre sœurs signent.

1,6 milliard, ce n'est pas cher payé mais la somme est tout de même conséquente et Tapie est incapable de la réunir. Alors il réalise un deuxième exploit qui vaut bien le premier. Il annonce, lors de sa conférence de presse, le tour de table des financiers qui permettra de réaliser l'achat de la firme allemande. Il énumère les noms des banques nationalisées qui avanceront les sommes nécessaires. Le dossier semble solide et parfaitement bouclé. A un détail près : à l'exception de la fidèle Société de banque occidentale (SDBO), filiale du Crédit lyonnais, les établissements bancaires n'ont pas été avertis et sont pris au piège. Ils ne peuvent pas reculer et sont obligés d'accorder leur soutien à celui qui vient de rendre à la France un peu de son lustre et de sa noblesse d'antan. Comment refuser de l'argent à un tel homme ?

Tapie est comblé, il accumule les succès avec une facilité déconcertante. Il a vendu Look et Wonder à des prix défiant toute logique industrielle, il a remporté la première élection à laquelle il s'est présenté et, après avoir gagné le Tour de France avec Bernard Hinault et Greg LeMond, réalise le doublé Coupe-Championnat avec l'Olympique de Marseille (1989), bat le record de l'Atlantique à la voile sur sa somptueuse goélette et rachète Adidas. 1989, 1990, 1991 : rien ne semble pouvoir arrêter Bernard Tapie, qui peaufine sans cesse devant les caméras son image de fonceur et de gagneur. Il connaît bien quelques déboires mais ils paraissent insignifiants. A Bari, l'OM échoue en finale contre l'Étoile rouge de Belgrade.

Et il comprend aussi très vite qu'il n'a pas les capacités financières de garder Adidas, qui constituait bel et bien « l'affaire de [sa] vie ».

Le repreneur a d'autres ambitions. Il avait acquis Adidas ou introduit BTF en Bourse comme on produit une preuve irréfutable de son talent, plus par provocation ou pour renforcer son image que par un réel intérêt économique ou patrimonial. La décennie des années quatre-vingt avait été celle des reprises, celle des années quatre-vingt-dix est consacrée à la politique. Le président de l'Olympique de Marseille est décidé à persévérer dans cette voie.

En 1991, le PDG d'Adidas prend très tôt la décision — c'est plutôt rare pour celui qui aime réagir au pied de l'obstacle — de se présenter aux élections régionales, six mois plus tard, en mars 1992. Son objectif déclaré est moins de ravir à Jean-Claude Gaudin la présidence de région que de bouter Jean-Marie Le Pen et le Front national hors de la PACA (Provence-Alpes-Côte d'Azur). C'est ce qu'il dit, c'est également son thème favori de campagne électorale.

Mais sa saison politique débute mal : l'Olympique de Marseille, vice-champion d'Europe, est prématurément éliminé de la Coupe d'Europe après un match de misère contre des Praguois pas dégourdis mais plus volontaires que les Marseillais. Cependant, pour sa campagne, une fois de plus, le président de l'Olympique de Marseille n'a pas lésiné sur les moyens. Comme il en a le secret à l'Olympique de Marseille, le repreneur a concocté une fabuleuse équipe. Les six listes départementales, baptisées « Énergie Sud », sont un efficace et savant mélange des genres. On y trouve, pêle-mêle, le turbulent professeur Schwartzenberg, deux ministres et chouchous du président, Jean-Louis Bianco et Élisabeth Guigou, le couturier Daniel Hechter et même Enrico Macias. Il ne manque que Jean-Pierre Papin.

Tapie défriche la campagne à sa façon. Ses méthodes ne varient pas et sont sans fioritures, sans programme. Appliquant la devise de l'OM, Tapie file droit au but, toujours guidé par un redoutable instinct. Sans l'OM, sa campagne traditionnelle, celle du gagneur, se révèle vite peu convaincante pour les futurs électeurs, c'est du moins ce qu'attestent les sondages dont il prend connaissance quotidiennement. Bernard Tapie décide d'inverser la vapeur comme aucun autre homme politique n'oserait le faire. De gagneur triomphant il devient citoyen accablé et va jusqu'à pleurnicher à la télé. Le résultat est imparable. Crédité de moins de 20 % des voix dans les Bouches-du-Rhône à quelques jours du scrutin, il coiffe pourtant Jean-Claude Gaudin au poteau. Les spécialistes, au premier rang desquels figurent François Mitterrand et Pierre Bérégovoy, apprécient la volte-face et la performance. Cette victoire personnelle de Bernard Tapie dans les Bouches-du-Rhône ne lui permet cependant pas d'accéder à la présidence de région à cause des résultats plus médiocres enregistrés dans les autres départements.

Mais Bernard Tapie n'a pas démérité. Pierre Bérégovoy, inconditionnel du président de l'OM, un peu plus ébahi encore par l'énergie déployée dans le Sud au nom de la gauche, donne à Tapie ce qu'il attend le plus : manger à pleines mains dans le plus inaccessible des pots de confiture, enfin posé sur la table, pour lui. *France-Soir,* dont le tout petit article sur Cœur Assistance l'avait mortifié quinze ans plus tôt, barre sa une d'un seul et énorme titre : « Tapie ministre ». Il savoure enfin la plus sucrée des revanches.

5

Tapie au zénith

Cabu, *Le Canard enchaîné,* rentrée 1992.

L'apogée de Bernard Tapie peut être déterminé avec précision, à la minute près. C'est un jeudi, le 2 avril 1992, à 22 h 42. Ce soir-là, à cet instant précis, Hubert Védrine, secrétaire général de l'Élysée, debout sur le perron du palais présidentiel, respectant scrupuleusement le tempo lié à l'exercice, égrène les noms des membres du gouvernement de Pierre Bérégovoy : « Ministre de la Ville : M. Bernard Tapie. »

Ce 2 avril, Tapie l'atypique, l'homme au parcours sinueux, entre dans la norme. Jusque-là, le repreneur tirait sa force, et surtout son invincibilité, de son originalité. Il ne représentait que lui-même et le faisait avec brio, il évoluait sans contrainte, n'avait pas à justifier ses retournements, faisait à sa guise de l'argent, des affaires, du sport ou de la télé loin de l'ordre établi, sans contrôle ni patron.

Bernard Tapie est la seule touche exotique d'un gouvernement tout dévoué à François Mitterrand. Le président de l'OM n'a pas pu résister à cette consécration. « C'est Béré qui, sans le savoir, en me nommant ministre, va me donner le coup de grâce. Il va faire exploser mes relations avec les médias. Ma position de ministre, ma gouaille, mes coups, l'OM, mes bagnoles, mon hôtel particulier, ils ne peuvent plus supporter. » Certes, « ils », mais pas seulement les médias, vont lui reprocher un peu de tout ça. Mais Bernard Tapie a surtout oublié que l'on attend d'un ministre de la République un autre comportement que celui d'un saltimbanque. « Ce qui m'a rendu malheureux, ce sont les conséquences judiciaires de l'affaire Tranchant. Je n'avais pas commis un crime. J'étais devenu ministre et on m'obligeait à rendre mon tablier, comme un enfant accusé d'avoir volé un pot de confiture. » Cette réflexion, pourtant recueillie plus tard, lors de l'été 1993, montre à quel point l'homme est totalement ébloui par sa destinée et aveuglé par son ambition.

A peine installé dans l'hôtel de Roquelaure, à quelques pas de son palais personnel, il lorgne vers d'autres ors : « Tu sais, j'ai bien regardé le truc, confie-t-il à un ami, ici il faut être le taulier. »

Bernard Tapie a constaté que sa nomination a déchaîné quelques passions. Il s'interroge, un peu las, faussement surpris, serein et théâtral : pourquoi tant de haine ? Il mesure mal combien cette nouvelle situation l'expose. Dans ses fréquents dédoublements de personnalité, a-t-il cru qu'il y aurait d'un côté un Tapie ministre respectable et respecté et de l'autre un Tapie « affaires en tous genres », comme il existait jusque-là avec un certain bonheur un Tapie député, PDG d'Adidas, repreneur d'affaires non soldées et président de l'Olympique de Marseille, le président-député-PDG conjuguant habilement l'ensemble, coiffant à propos la casquette adéquate ?

Cette année 1992 s'annonce aussi fructueuse que les trois précédentes. Il vend d'abord la participation (1,66 %) qu'il détient dans TF1. Et puis, à la surprise générale, il réédite, le 20 février, le coup de Look en se défaisant de La Vie claire, pour un prix démesuré. Contre 100 millions de francs, BTF cède la chaîne de magasins diététiques, dont le chiffre d'affaires ne cesse de baisser et dont les résultats ne font qu'empirer. Le génie de Tapie semble intact et la place financière est admirative.

Quelques mois plus tôt, il avait cédé à Pentland 20 % du capital d'Adidas pour honorer ses remboursements et les banques nationalisées l'avaient aidé, une fois encore, à se renflouer.

Mais Bernard Tapie a vite compris que la mauvaise réputation du repreneur allait parasiter son double politique. Il est désormais pressé de se débarrasser des reprises qui ont fait sa gloire. Pour bien marquer la césure, il démissionne de son poste de PDG de Bernard Tapie Finance et des autres fonctions qu'il occupe dans plusieurs des sociétés qu'il détient. Il a rapidement assimilé les risques, d'autant que les mesures que sont obligés de prendre les dirigeants de ses entreprises collent mal avec l'image d'un ministre d'un gouvernement socialiste. Adidas licencie, ferme des unités en Allemagne et en France et Terraillon délocalise massivement en Extrême-Orient. Tapie flaire le danger. Mais il est trop tard, son passé va le rattraper à une vitesse vertigineuse et tout va s'enchaîner sans aucun répit.

Le journal du soir de TF1, le vendredi 22 mai, cinquante jours après sa nomination au ministère de la Ville, est symbolique. La chaîne de Bernard Tapie aligne les reportages sur son ancien actionnaire. Il ne s'agit plus de dépeindre le héros mais le patron-ministre empêtré dans ses affaires. Le journal diffuse successivement trois sujets sur l'affaire Tranchant, les licenciements chez Adidas et les sévères remontrances de la Commission des opérations de Bourse (COB), reprochant au ministre l'opacité des affaires de Bernard Tapie Finance.

Le ton a été donné par l'affaire Tranchant, qui tient une nouvelle fois d'une aventure des Pieds nickelés dont nul autre que Bernard Tapie n'aurait pu tenir le premier rôle. Au commencement, Georges Tranchant et Bernard Tapie étaient comme larrons en foire, s'entendant à merveille. Ils possédaient à parts égales une société d'importation de matériel électronique de la marque Toshiba. A la fin de l'année 1991, Georges Tranchant, devenu député RPR des Hauts-de-Seine, découvre qu'il a été roulé par son ancien ami Bernard Tapie, devenu ministre de la Ville du gouvernement socialiste. Ce dernier ne lui a pas fait profiter des bénéfices perçus lors de la revente de leur société commune à la maison mère japonaise. Tranchant réclame sa part depuis plusieurs mois. Bernard Tapie s'emploie à le dissuader et laisse pourrir la situation.

Son portefeuille de la Ville lui donne des ailes. Il est persuadé que ces nouvelles fonctions l'aideront à étouffer l'affaire. Mais Georges Tranchant porte plainte, la justice se saisit du dossier et Bernard Tapie commet d'énormes bourdes en voulant assurer seul sa défense par voie médiatique. Il s'en prend violemment à l'indépendance de la justice. Après cinquante-deux jours au gouvernement, il est poussé vers la sortie, et, peu après, il est inculpé par le juge Édith Boizette, laquelle n'est pas très pressée d'aller vérifier au Japon la réalité du contrat entre Toshiba et Bernard Tapie. De son côté, le président de l'Olympique de Marseille, par avocats interposés, cherche pendant l'été un arrangement avec son ancien associé.

Mais tout va mal. Pierre Botton, qui le paiera très cher par ailleurs, traîne Bernard Tapie en justice car il ne veut plus de La Vie claire à cause d'un passif exagéré. Les dirigeants de BTF narguent Botton, disent accepter la joute judiciaire, mais n'ont pas prévu que ce dernier va déposer le bilan de La Vie claire en plein mois d'août. Pour éviter des remous supplémentaires, BTF reprend la chaîne de magasins diététiques, renonce aux 100 millions de francs de la vente et consent même à payer une indemnité de 5,5 millions de francs de dommages à Pierre Botton. Le coup de génie de l'hiver se transforme en fiasco.

Malgré cette déconvenue, Bernard Tapie n'est pas trop inquiet. Au début du mois de juillet, deux ans après l'acquisition de « l'affaire de [sa] vie », il est parvenu à conclure la vente d'Adidas à Pentland et se déleste d'une firme qu'il n'avait pas les moyens de redresser et qui lui coûtait d'énormes intérêts financiers. La vente d'Adidas n'est pas miraculeuse mais Bernard Tapie peut sortir de cette aventure allemande sans dégâts. Il empoche même une petite plus-value en cédant ses titres à l'industriel britannique, ancien propriétaire de Reebok. Un nouveau coup de théâtre se produit trois mois plus tard, le 15 octobre : Stephen Rubin, le patron de Pentland, renonce à finaliser l'achat pour d'obscures raisons. Tapie l'accuse d'avoir voulu faire baisser le prix exagérément, Rubin affirme qu'il a mis au jour certaines anomalies qui le poussent à se retirer.

Les événements continuent de se bousculer et les ennemis de Bernard Tapie pronostiquent sa fin à coup sûr. On dit ses sociétés criblées de dettes, l'OM au bord du gouffre financier. On le dit incapable de rembourser les emprunts contractés pour Adidas. On dit Tapie fini. C'est mal le connaître. Il ne se rendra qu'avec son dernier souffle.

Il a enfin trouvé un arrangement avec Georges Tranchant. La justice s'en contente et décide de rendre un non-lieu dans cette affaire, le 19 décembre. Cinq jours plus tard, Pierre Bérégovoy est fidèle à son engagement : le 24, il glisse dans les chaussures de Bernard Tapie son portefeuille de ministre. Joyeux Noël ! Bernard Tapie est replacé sur orbite par le pouvoir. François Mitterrand est stupéfait de l'énergie déployée par son protégé.

Bernard Tapie profite également de la trêve des confiseurs pour retirer BTF de la Bourse. Sage précaution, qui lui évite d'être, en permanence, réprimandé par la COB. Tapie n'est pas fier de son passage en Bourse, mais, au milieu des bonnes nouvelles, ce retrait pavillon bas passe inaperçu. Dans l'euphorie, personne ne l'a informé de la plainte déposée à Béthune entre Noël et le Jour de l'An, le 27 décembre, par un actionnaire très minoritaire de l'entreprise Testut.

Jamais lassé des combats qu'il mène sur d'autres fronts, le président de l'Olympique de Marseille est reparti mors aux dents, bien décidé à conserver son siège de député dans les Bouches-du-Rhône. Et la chance, qui avait connu une vilaine éclipse en 1992, revient avec les premiers jours de 1993. D'abord l'Olympique de Marseille est sur les rails pour disputer sa deuxième finale de Coupe d'Europe en deux ans. Et l'adage est vérifié : tout ce qui est bon pour l'OM est bon pour Bernard Tapie. Le ministre de la Ville profite de ses amitiés politiques — il n'est pas le premier — pour régler définitivement le problème d'Adidas. Un montage astucieux, initié et cautionné par les entreprises nationalisées fidèles à Bernard Tapie depuis quatre ans, est imaginé pour léguer le dossier à un homme d'affaires français, Robert-Louis Dreyfus. Celui-ci vient de redresser d'une main de fer l'agence de publicité britannique Saatchi & Saatchi. Il vaut mieux fermer les yeux sur certains des nouveaux actionnaires, des fonds de placement, paraît-il, fort honorables mais qui ont élu domicile dans des paradis fiscaux. Tout cela n'est pas très limpide mais on est enfin débarrassé d'Adidas.

Bernard Tapie affirme que cette opération lui a rapporté 700 millions de francs, ce qui est très douteux. On voit mal comment il aurait pu réaliser une telle plus-value en vendant 2,08 milliards de francs une entreprise qu'il avait achetée plus de 1,8 milliard, sans compter les intérêts financiers, qui, selon un rapport de BTF, se sont montés à 180 millions de francs. Une certitude demeure : Bernard Tapie a du cash en réserve et a été capable de verser 190 millions de francs pour éviter la faillite à Testut. Il a été obligé néanmoins d'emprunter 50 millions de francs pour le complément, ce qui dessine peut-être la limite de ses

Est-il endetté au point de ne plus s'en relever, ruiné ou riche ? Bernard Tapie n'est pas de l'espèce à placer tous ses œufs dans le même panier et, selon l'endroit d'où on la considère, sa situation financière est très vraisemblablement différente.

De plus, Bernard Tapie a entraîné les banques loin dans son aventure et il paraît impossible qu'elles le lâchent brutalement sans que les répercussions soient terribles pour elles. Contre vents et marées, Bernard Tapie continue de jouir de son immense voilier et de son hôtel particulier, qui demandent tous deux un entretien coûteux.

Tapie veut désormais se consacrer à la politique. Personne n'est dupe mais le ministre de la Ville le répète à qui veut l'entendre : il est épris d'« intérêt collectif ». Il fait montre d'une fidélité troublante pour François Mitterrand et Pierre Bérégovoy. C'est sous cet angle qu'il faut voir son adhésion, en février 1993, au Mouvement des radicaux de gauche (MRG). Le ministre de la Ville était en contact depuis plusieurs années avec Yvon Collin, l'ancien leader de ce parti. Bernard Tapie trouve là une structure d'accueil et un alibi, il pourrait aussi servir, à gauche, de contre-pouvoir au Parti socialiste qui glisse entre les mains de Michel Rocard.

Cette adhésion est un bon compromis pour toutes les parties : pour François Mitterrand, pour le MRG, qui n'a rien à perdre, pour Bernard Tapie, qui a besoin d'être épaulé. Ce consensus trouve sa première récompense lors des élections législatives de mars 1993. Bernard Tapie change opportunément de circonscription à quelques semaines du scrutin et, dans la débâcle générale, offre au MRG et à la gauche un siège de député supplémentaire, ce qui, en ces temps de disette, n'est pas rien. Cette éclatante et nouvelle victoire mérite néanmoins un examen plus attentif des soutiens dont l'adversaire affiché du Front national a bénéficié.

Les ennuis de 1992 sont oubliés, la page définitivement tournée. Bernard Tapie toise avec jubilation ceux qui l'avaient blessé sans prendre la peine de l'achever. Il a mille projets. Le rythme des échéances politiques lui convient parfaitement. Les élections européennes, présidentielle, municipales se présentent comme autant de défis qu'il s'apprête à relever. La chance est bien orientée, l'Olympique de Marseille engrange les victoires comme Tapie les succès électoraux. Le club phocéen joue son cinquième titre consécutif, un exploit unique dans les annales du football, et file vers la finale de la Coupe d'Europe des clubs champions, le trophée le plus prestigieux. En sept saisons, Bernard Tapie entre dans l'histoire du sport. Les plus beaux palmarès du football français, ceux de Reims et de Saint-Étienne, paraîtront bientôt ridicules. Mais Tapie ne se satisfait pas de ces prouesses hexagonales, il veut bâtir la meilleure équipe du monde, effacer des tablettes le Milan AC, le Real de Madrid, le Bayern de Munich ou l'Ajax d'Amsterdam. Le président de l'Olympique de Marseille est sûr d'avoir trouvé la formule magique. S'il est capable d'offrir aux Français la Coupe d'Europe des clubs champions, ceux-ci ne pourront rien lui refuser.

Décidément, ce printemps 1993 lui sourit. Son arrivée au MRG a suscité une vague de sympathie et d'adhésions. Il a trouvé en Jean-François Hory son double présentable. L'un jette des coups d'œil aux ménagères et aux étudiants ravis, l'autre séduit les notables. Ils préparent ensemble un tour de France, première étape d'un programme chargé.

Le handicap de Bernard Tapie est de ne pas avoir d'homme fort à ses côtés. Il n'a que des conseillers de pacotille, un entourage médiocre, dans lequel il se complaît. Hormis Laurent Carenzo et André Bercoff, conseillers politiques qui ont pris de la distance, Alain Jausselme ou Gilberte Beaux, partie avec Adidas, Tapie est entouré d'esprits peu brillants, surperficiels, des journalistes qui font quelques heures supplémentaires et s'extasient de leurs idées à six sous. Il y a aussi les porteurs de valises de l'OM et les bricoleurs de BTF. Tous acceptent sans broncher les explosions de colère du patron, qui ne tolère pas les remontrances. Tapie délègue mais ne partage aucun pouvoir. Il ne se retourne jamais sur les grandes et petites misères qu'il provoque, n'a aucun état d'âme et, lorsqu'il se laisse promener par le MRG à travers la France, il s'acquitte simplement du prix à payer pour atteindre son objectif final.

A l'OM ou chez BTF, les salariés sont logés à la même enseigne. Le boss donne les ordres, les autres exécutent. Il y a un patron et chacun est prié de suivre le rythme, qu'il s'appelle Beckenbauer ou

Papin. Ceux qui ne sont pas d'accord s'en vont. Dans les meilleurs moments la méthode est autoritaire, dans les autres elle est tyrannique. Les résultats montrent qu'elle est productive. Au mois de mai 1993, le plan de marche est respecté. Débarrassé de son uniforme de ministre, de ses soucis d'Adidas et rassuré par les résultats de son club, Bernard Tapie est redevenu un héros national. Le 24 mai, un an presque jour pour jour après avoir été obligé de démissionner du gouvernement, Bernard Tapie remporte la Coupe des clubs champions. Les images télévisées montrent une sublime consécration. Tapie brandit son trophée : le symbole est merveilleux mais l'image est trompeuse car le printemps 1993 n'aura accordé qu'un bref répit à l'ancien ministre de la Ville.

DEUXIÈME PARTIE

6

Tapie et les comètes[1]

L'examen des sociétés qui restent actuellement dans le giron de Bernard Tapie démontre des méthodes de gestion stupéfiantes et des acrobaties vertigineuses.

Avant de plonger dans les entrailles de Testut, de Terraillon ou de La Vie claire, ce court chapitre est destiné à mieux cerner les difficultés rencontrées lorsqu'on veut connaître la situation financière exacte de Bernard Tapie ou de ses sociétés.

Bernard Tapie et son épouse, Dominique Mialet-Damianos, sont actionnaires de plusieurs entreprises, dont deux principales : le Groupe Bernard Tapie et la Financière et Immobilière Bernard Tapie (FIBT). Ces deux entités sont des sociétés en nom collectif (SNC). Cette forme juridique, peu usitée, est ici déterminante. Concernant les SNC, Bernard Tapie est, selon les dispositions juridiques, responsable de ses sociétés sur ses biens propres. La principale consolation est que le propriétaire d'une SNC, s'il respecte certains critères (nombre d'employés, chiffre d'affaires), n'est pas obligé de publier ses comptes. Il est donc impossible de vérifier les mouvements d'argent, les chiffres d'affaires, les résultats et il est même délicat d'évaluer les participations qui sont détenues ou qui transitent par la SNC.

Le passage par l'une des deux SNC rend opaques ou floues nombre d'opérations. Le terme de « nébuleuse », souvent employé pour décrire le système, est donc justifié et les deux SNC agissent comme de véritables trous noirs absorbant la matière.

D'autant plus que, lorsque des opérations sont mentionnées par le groupe, il est rarement précisé de quelle SNC il s'agit, la SNC Financière et Immobilière Bernard Tapie[2] ou la SNC Groupe Bernard Tapie. L'exercice est encore plus difficile si l'on considère que ces deux SNC, qui semblent être les plus importantes, ne sont pas les seuls trous noirs de la nébuleuse. Il y eut également dans le passé la SNC Bernard Tapie Gestion ou BT Textiles (radiée). Il existe aussi BT Aviation, un groupement d'intérêt économique, ou BT Services EURL, opportunément radiée le 1er septembre 1993.

La cotation du groupe en Bourse, tant désirée par Bernard Tapie, a toutefois permis de faire apparaître quelques comptes. Pour être introduite sur le marché, la holding Bernard Tapie Finance a été constituée en 1987 sous la forme plus connue de société anonyme (SA). La SNC Groupe Bernard Tapie a pris une participation majoritaire, fluctuant toujours aux environs des deux tiers, l'autre tiers étant détenu par des institutionnels, pour la plupart des banques nationalisées, et par le public.

Une gestion rentable pour Bernard Tapie — il ne s'agit là que d'un exercice théorique — consiste donc à répartir astucieusement les participations des sociétés qu'il a reprises.

1. Si la société est déficitaire et lourdement endettée, il vaudrait mieux répartir le risque et le diluer dans BTF pour éviter de mettre en jeu les cautions personnelles de Bernard Tapie. Le gros handicap est que, selon la taille de la société, elle peut peser lourdement sur les comptes de BTF et infléchir les cours de Bourse. Bernard Tapie a trouvé, nous le verrons, un autre système — illégal — pour nettoyer le passif, ce qui, selon le tribunal de Béthune, lui permet d'« échapper à ses obligations de caution ».

2. Si une société est excédentaire, il est plus profitable sur le plan fiscal dans ce cas de diluer les bénéfices dans une holding qui détient par ailleurs des sociétés déficitaires. Il vaut mieux rattacher cette société à une SNC. Il est possible aussi, par exemple, de mettre sur des SNC différentes sociétés d'une même branche. Ainsi, au sein du groupe Terraillon, Bernard Tapie a-t-il détaché le très juteux bureau d'études et créé une société autonome (SCAIME). Cette société était évidemment bénéficiaire puisqu'elle était assurée de vendre ses produits aux autres firmes du groupe de pesage — Terraillon, mais aussi Hanson, Testut, Trayvou, Lutrana... La SCAIME était détenue par une SNC, Terraillon par une autre. Pour rendre BTF plus sédui-

sante, la SCAIME sera, comme Terraillon, intégrée à la SA BTF.

Ce jeu complexe entre les SNC peut être habilement varié pour des raisons fiscales, Bernard Tapie diminuant son impôt — il a longtemps soutenu à tort qu'il payait l'impôt sur les grandes fortunes (IGF) — sans pour autant réduire son train de vie. En effet, une partie de ses dépenses, notamment l'entretien du gigantesque *Phocéa,* est assurée par ses sociétés. Ainsi Alain Colas Tahiti, qui gère le bateau, est aussi aidée par BT Services. Cette dernière perçoit elle-même une part sur le chiffre d'affaires des différentes filiales de BTF (Testut, Terraillon, etc.). Cet écot financier[3] est de l'ordre de 1 % du chiffre d'affaires pour La Vie claire, et entre 0,5 et 1 % pour Testut. En deux ans, BT Services a perçu 4,1 millions de francs de Testut.

Ce cas de figure n'est pas anormal pour une holding, BT Services n'étant en effet que le bras séculier de BT Finance. Il existe toutefois un sérieux problème. En effet, selon la Commission des opérations de Bourse, qui s'est spécialement penchée sur le cas de Testut, « il n'existe pas d'outil comptable permettant de faire le lien entre les charges supportées par BT Services à raison de cette assistance et la redevance exigée de Testut, tandis que la réalité de cette assistance n'est pas attestée ».

BT Services a ainsi payé 22 millions de francs lors de la cession d'Adidas, ce qui peut notamment correspondre à des honoraires versés à des intermédiaires. Ce type d'opérations n'est évidemment d'aucune utilité pour Testut, Terraillon ou La Vie claire. Auparavant, BT Gestion — encore une SNC — jouait le rôle de BT Services[4].

Les quelques rais de lumière apparus lors de la cotation en Bourse se sont éteints en 1992 et 1993, lorsque Bernard Tapie a décidé, après la cession d'Adidas, de retirer BTF de la cotation pour revenir au mode plus secret de la SNC. Une opération similaire de retrait de la cotation a été effectuée pour Testut, cotée au comptant à Paris, et par Terraillon cotée au second marché de Lyon. Nul doute que la réalité du groupe Tapie deviendra au fil des ans de plus en plus obscure et son étude de plus en plus complexe. D'autant que la société BT Services a, elle, été radiée le 1er septembre 1993.

Bernard Tapie joue ainsi parfaitement, au-delà des limites

autorisées, avec les dispositions juridiques et boursières en vigueur. Il sait aussi très bien habiller les comptes de ses sociétés. Ainsi, en 1989, année de l'introduction de BTF en Bourse, toutes les sociétés ont, par un hasard concerté, réalisé des résultats exceptionnels. La Vie claire, qui avait perdu de l'argent en 1987 et 1988 et en perdra en 1990 et 1991, en gagne en 1989. Testut, Terraillon et la SCAIME n'ont jamais réalisé d'aussi gros profits. Dès 1990, Terraillon enregistrera de très lourdes pertes, le bénéfice de Testut sera divisé par six, avant de connaître un déficit énorme en 1991.

Bernard Tapie connaît toutes les ficelles, détient des sociétés aux formes juridiques adéquates pour maquiller, à un moment donné, l'état de ses entreprises et leurs comptes réels. De plus, certaines sociétés font des aller et retour très étonnants. Les affaires Testut et La Vie claire, et même Terraillon vont en apporter les preuves éclatantes.

Lors de l'introduction de BTF au second marché de la Bourse de Paris, le 21 novembre 1989, la répartition du capital de BTF a été présentée comme suit :

Groupe Bernard Tapie	56,93 %
Assurances générales de France	12,30 %
Société de banque occidentale	6,00 %
Crédit agricole	4,63 %
Banque nationale de Paris	3,50 %
Union des assurances de Paris	2,40 %
Frandev	1,90 %
Worms	1,00 %
Public	10,00 %

Lors de la présentation au second marché de la Bourse de Paris de l'offre publique de retrait (OPR), le 4 juin 1992, l'actionnariat de Bernard Tapie Finance SA, au capital de 700 564 700 francs, divisé en 7 005 647 actions d'une valeur nominale de 100 francs, était ainsi composé :

Groupe Bernard Tapie	66,64 %
Sicav AGF	13,10 %
Société de banque occidentale	8,19 %
Banexi.	3,04 %
Unifrance	2,76 %
Frandev	1,43 %
Public	4,84 %

A cette date, BTF détenait 78 % du capital de BTF GmbH, actionnaire majoritaire d'Adidas (95 %), 88,75 % de Testut, 67,25 % de Terraillon, 99,95 % de la SCAIME, 97,41 % de La Vie claire.

ORGANIGRAMME SIMPLIFIÉ DU GROUPE BERNARD TAPIE (1994)

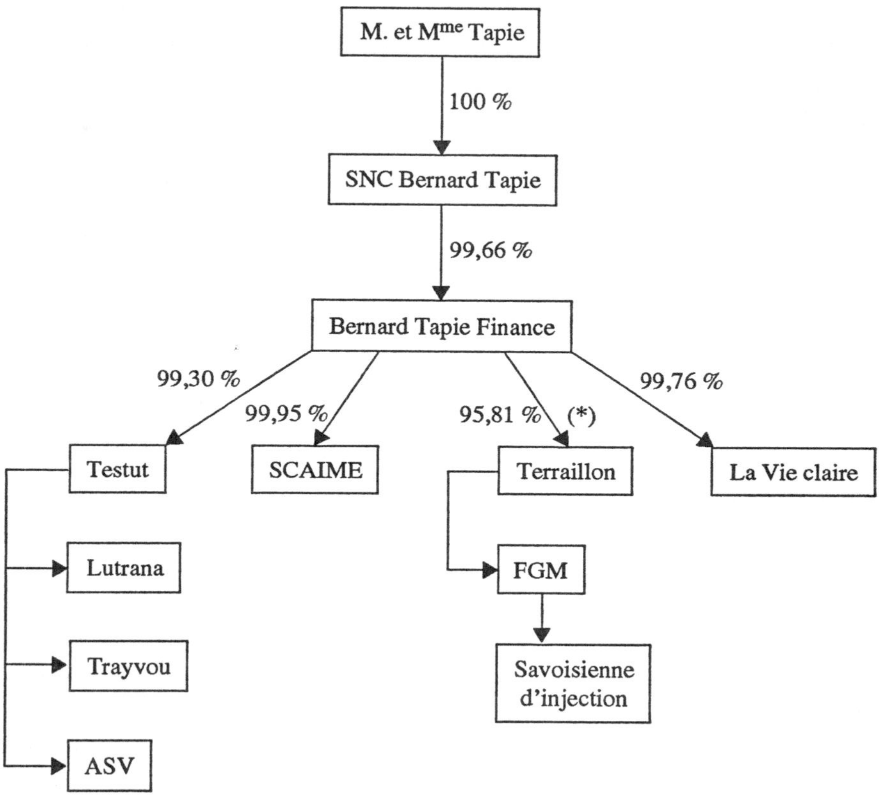

(*) 96,97 % des droits de vote

Après avoir retiré Testut (comptant) et Bernard Tapie Finance (second marché) de la Bourse, Bernard Tapie a fait procéder à une OPA (offre publique d'achat) simplifiée sur Terraillon (second marché de Lyon). Introduite à 250 francs en décembre 1985, l'action

Terraillon, qui est montée jusqu'à 1250 francs, a été rachetée 40 francs par BTF. Terraillon, estimé à 450 millions de francs par Bernard Tapie en 1990, n'est plus évalué qu'à 48,8 millions de francs par le cabinet chargé de l'expertise.

A la fin du mois de janvier 1994, la SNC Bernard Tapie (propriété intégrale de Bernard Tapie et de son épouse) détenait 99,66 % de Bernard Tapie Finance. BTF, elle, est l'actionnaire ultra-majoritaire de Testut (99,30 %), de la SCAIME (99,95 %), de Terraillon (95,81 % des parts et 96,97 % des droits de vote) et de La Vie claire (99,76 %).

7

Tapie abuse

Le Canard enchaîné, 1993.

Testut * est l'une des sociétés rachetées lors des temps héroïques de Bernard Tapie, en 1983. Testut (fusion de Testut et Aequitas) est une entreprise de fabrication d'instruments de pesage et possède une filiale spécialisée dans le pesage industriel, Trayvou, rachetée en 1979 et basée à Lyon. Le nom de Testut est connu de tous les commerçants qui utilisent les balances dites « poids-prix ». A l'époque, Bernard Tapie persiste dans le pesage puisqu'il est déjà propriétaire de Terraillon, rachetée en 1981, firme qui fabrique des balances grand public.

Au fil des ans, Testut va racheter tous ses concurrents français : Orama et ses deux marques commerciales, Amap et Léonard Kuhn & Fleichel, puis, en 1990, Lutrana. Le rachat d'Orama, devenue Société industrielle des balances poids-prix (SIBPP), est exemplaire [1] de la brutalité des méthodes de Bernard Tapie. Cette acquisition met également en lumière les actions permises par la loi sur les faillites. Un système où, en toute impunité et en accord avec la loi, des industriels, des tribunaux et des auxiliaires de justice peuvent se livrer à de singulières pratiques.

Orama, Amap et Léonard, Kuhn & Fleichel sont fusionnés et absorbées; Lutrana, acquise en 1990, est intégrée au groupe Testut. Trayvou connaît une fortune différente. Cette filiale, qui perd déjà de l'argent, est, en mai 1988, séparée de Testut et vendue pour 1 franc à la SNC Financière et Immobilière Bernard Tapie. Cette opération permet de rendre Testut plus attrayante et de la placer dans le portefeuille des sociétés qui dépendront de Bernard

* Une chronologie complète et détaillée des aspects commerciaux et pénaux est fournie en annexes.

Tapie Finance, holding créée avec la participation des banques nationalisées et qui regroupe les meilleures affaires de la SNC Groupe Bernard Tapie. Selon le grand rêve de Bernard Tapie, qui reste actionnaire majoritaire de cette nouvelle entité, BTF sera introduite à la Bourse de Paris. Pour Bernard Tapie, Trayvou est déjà, donc, une entreprise très malade puisqu'elle ne peut même pas être présentée aux analystes pour l'évaluation globale de BTF.

Débarrassée de Trayvou, Testut présente en 1989 un visage assez séduisant. Après de nombreux licenciements, une aide du maire de Béthune, Jacques Mellick, Testut semble être sur la bonne pente. La société réalise cette année-là 29 millions de francs de profit pour un chiffre d'affaires de 221 millions de francs, une rentabilité exemplaire dans le monde industriel. Testut semble avoir le bon profil pour être cédée. Durant deux ans, 1989 et 1990, Bruno Flocco, le directeur général, cherche un repreneur. Les solutions pour vendre la société, située sur un marché étroit et spécifique, sont au nombre de deux : elle peut être cédée au principal concurrent, qui acquerrait ainsi un quasi-monopole européen, ou reprise par ses cadres, solution en vogue à la fin des années quatre-vingt et qui sera également tentée chez Terraillon. Les deux hypothèses seront étudiées et les dossiers montés par le directeur général de la firme béthunoise, un ancien de chez Trayvou.

Bernard Tapie estime la société à 250 millions de francs. Il gonfle ainsi sa valeur, face aux deux acheteurs potentiels. L'industriel allemand propose entre 60 et 80 millions de francs, BTF entre 120 et 130. Les cadres proposent 90 millions, BTF entre 150 et 180. Et Bernard Tapie reste inflexible. Une tactique qui lui a réussi avec Look, cédant pour 260 millions une firme qui n'en valait pas la moitié. A la lumière des événements qui vont se dérouler par la suite, on peut se demander si Bernard Tapie a un réel désir de vendre.

D'un côté le député des Bouches-du-Rhône peut être fier d'introduire BTF en Bourse, mais de l'autre il retrouve sur sa SNC une entreprise qui ne cesse de perdre beaucoup d'argent, la société Trayvou.

Trayvou va donc accomplir un aller et retour au sein du groupe Bernard Tapie, un parcours certes très juteux pour lui mais désastreux pour Testut et ses salariés. Un itinéraire qui va éveiller les soupçons d'un actionnaire minoritaire. Criblée de dettes (près de 90 millions de francs), déficitaire de façon structurelle, Trayvou, abandonnée en 1988 par Testut, est, en janvier 1991, reprise par la société béthunoise. Testut rachète 1 franc mais souscrit immédiatement une augmentation de capital de 30 millions de francs. Entre 1988 et 1991, l'importance de Testut a relativement diminué au sein de BTF à cause du rachat d'Adidas.

Pour financer cette augmentation de capital et la reprise de Lutrana (40 millions de francs), Testut souscrit un emprunt obligataire de 100 millions de francs[2]. Une charge financière très lourde pour une société qui, l'année de la souscription (1990), a réalisé des résultats nettement moins bons que l'année précédente, avec un petit bénéfice de 4,2 millions de francs pour un chiffre d'affaires de moins de 200 millions.

Le rachat de Trayvou va donc intriguer un actionnaire de Testut très minoritaire puisqu'il ne possède que deux actions (sur deux cent vingt et un mille) de la société, cotée au comptant à la Bourse de Paris. Cet actionnaire, administrateur judiciaire de profession, s'interroge sur l'opportunité d'une telle acquisition. Il est également sceptique sur les contreparties offertes par la société Bernard Tapie Services en échange des sommes versées par Testut (environ 1 % du chiffre d'affaires, soit 2,237 millions de francs en 1991, 1,935 en 1992).

Cet actionnaire minoritaire, Alain Géniteau, qui n'a guère de sympathie politique pour Bernard Tapie, est à l'automne 1992 ulcéré d'apprendre par le Conseil d'État que Testut a donné plus de 190 000 francs pour la campagne des élections régionales du professeur Léon Schwartzenberg dans les Alpes-Maritimes. En théorie, une société qui fait don de fonds à des hommes politiques est obligée de les déclarer, notamment à ses actionnaires. Très médiatique, cette aide au candidat d'Énergie Sud tient cependant peu de place dans le dossier des faits reprochés à Bernard Tapie.

Alain Géniteau décide, le 27 décembre 1992, deux jours après le retour de Bernard Tapie au gouvernement, de déposer plainte contre X auprès du doyen des juges d'instruction et saisit la Commission des opérations de Bourse. Il accompagne sa plainte d'une constitution de partie civile, ce qui contraint la justice à ne pas classer le dossier.

Les dirigeants de Testut et de BTF — Élie Fellous est devenu PDG des deux sociétés après l'entrée de Bernard Tapie au gouvernement — ont-ils eu connaissance de cette plainte ? Probablement pas car, quatre jours plus tard, Trayvou est une nouvelle fois et très imprudemment revendue, ce coup-ci à la SNC Groupe Bernard Tapie, à des conditions très avantageuses, beaucoup trop avantageuses.

En effet, lors du passage de Trayvou dans Testut, les dirigeants ont imaginé un plan en deux parties pour éponger les dettes de Trayvou avant de la revendre à Bernard Tapie. Premièrement, Testut fait un abandon de créances de 41 millions de francs, c'est-à-dire que Testut renonce à percevoir les 41 millions de francs que lui devait Trayvou. 41 millions de francs ne représentent pas une somme négligeable puisqu'ils correspondent à la masse salariale d'un an de tous les employés de Testut.

D'autre part, pour éponger le passif, sous forme d'un découvert bancaire de 83,5 millions de francs, Trayvou souscrit un emprunt de 78 millions de francs, ce qui correspond à des traites annuelles de 7,9 millions sur quinze ans. Nouvelle astuce : Trayvou cède son fonds en location-gérance pour 8 millions de francs sur quinze ans, ce qui permet de rembourser le prêt. Au total, sur cette période, Testut se voit contrainte de débourser 191 millions de francs (30 d'augmentation de capital, 120 de location-gérance, 41 d'abandon de créance). Le tout pour une société dont le fonds de commerce est quasi nul et qui n'emploie plus de salariés.

Pour Bernard Tapie et sa femme, l'opération est d'autant plus intéressante que, à l'issue de la location-gérance exorbitante pour les comptes de Testut, Trayvou appartiendra toujours à la SNC Groupe Bernard Tapie. Toutes ces manipulations sont favorisées par la SDBO, banque fidèle à Bernard Tapie, qui accorde des découverts étonnants à Testut pour qu'elle honore ses dettes.

Un premier juge d'instruction saisi va lancer plusieurs investigations. Dans le groupe Bernard Tapie, on sent au début de l'année 1993 que la situation commence à chauffer. La justice a notamment saisi des notes internes à la SDBO qui révèlent certaines pratiques un peu trop bienveillantes à l'égard des dirigeants de Testut. Élie Fellous, PDG de Testut, choisit de prendre l'initiative et porte plainte à son tour contre le directeur général de l'entreprise, Bruno Flocco.

Une plainte qui va s'avérer très maladroite. Selon Bernard Tapie, BTF était obligée de la déposer. Dans le cas contraire, les commissaires aux comptes auraient eux-mêmes alerté la justice. Mais tout se déclenche réellement un mois plus tard. Le juge d'instruction chargé de la plainte de BTF met Bruno Flocco en examen pour détournements de fonds. Il le met surtout en prison. Le résultat ne se fait guère attendre. Bruno Flocco, qui ne nie pas les faits qui lui sont reprochés, craque. Il ne veut pas plonger seul et contre-attaque. Pour le juge, il démonte le système et, après avoir eu connaissance de plusieurs documents saisis, riposte. Bruno Flocco constate notamment que le compte rendu du conseil d'administration qui entérine le 29 décembre 1992 la vente de Trayvou à la SNC Bernard Tapie a été modifié à son insu. Un compte rendu de CA qui affirme que « cette cession soulagerait les comptes de la société du poids des résultats déficitaires ».

Bruno Flocco dépose plainte contre les dirigeants de BTF, d'abord pour « faux et usage de faux » et pour « abus de biens sociaux ». Dès lors, avec cette troisième plainte, « ce linge sale que l'on aurait dû laver en famille », selon Bernard Tapie, est entre les mains de la justice. Les résultats de la plainte de Bruno Flocco ne tarderont pas à se manifester. Au début du mois d'août, Élie Fellous et Alain Soury, administrateur de Testut et deuxième signataire du procès-verbal du conseil d'administration, reçoivent un avis de mise en examen. Bernard Gachet, conseiller juridique de BTF installé à Annecy, en reçoit également un.

Bien qu'il affirme le contraire, Bernard Tapie était, jusqu'au 27 avril 1992, PDG de Testut. Une partie des faits reprochés sont en outre antérieurs à cette date. Devant le juge d'instruction, l'un des commissaires aux comptes de Testut est d'ailleurs formel : « J'avais le net sentiment que le pouvoir émanait de M. Tapie. »

En toute logique, les juges d'instruction — ils sont deux à être cosaisis — demandent donc la levée de l'immunité parlementaire de Bernard Tapie le vendredi 8 octobre 1993. Invité de *L'Heure de vérité* le dimanche même, l'intéressé semble accueillir la nouvelle avec détachement mais s'aperçoit rapidement que les deux juges iront jusqu'au bout. Dès le lundi, Élie Fellous est mis en examen pour « faux et usage de faux, abus de biens sociaux » et placé en détention à Longuenesse, dans le Pas-de-Calais. Bernard Gachet est mis en examen pour « complicité de faux et usage de faux et complicité d'abus de biens sociaux ». La demande de levée de l'immunité parlementaire franchit, elle, très vite les étapes légales et, une semaine jour pour jour après sa déposition, se trouve sur le bureau de Philippe Séguin, président de l'Assemblée nationale. Bernard Tapie sera mis en examen pour « abus de biens sociaux et complicité » le 22 décembre 1993.

Il faut éviter d'être catégorique sur les suites pénales et sur les jugements qui en découleront. Toutefois, deux documents permettent de se faire une idée du dossier vu par les magistrats. En effet, parallèlement à ce dossier pénal, la chambre commerciale du tribunal de grande instance s'intéressait au sort de Testut, qui, à force d'être saignée de tous côtés, se trouvait exsangue. Le tribunal constatera d'ailleurs le dépôt de bilan. Mais, pour échapper au redressement judiciaire, qui aurait constitué une douloureuse ironie pour celui qui a bâti sa fortune sur le règlement puis le redressement judiciaire, BTF sera obligée d'injecter une masse d'argent énorme, 240 millions de francs, pour sauver la société et éviter une honte certaine au repreneur.

Lors de la constatation du dépôt de bilan, le 17 septembre, le tribunal publie deux jugements dont le contenu est éloquent sur les méthodes de gestion de Trayvou et de Testut. En voici quelques extraits, point par point, qui se passent de commentaires :

— *Sur les dirigeants (Bernard Tapie et Élie Fellous) :* « Le groupe, qui échappe à ses obligations de caution [...] Les soldes de compte courant entre les sociétés sont anormaux [...] Les dirigeants ont délibérément confondu les intérêts des différentes sociétés dont ils avaient le contrôle. »

— *Sur la SDBO :* « Les prévisionnels ont toujours été exagérés, étant surfaits de plus de 20 % pour l'exercice en cours [1993], qu'il y a poursuite abusive d'une exploitation déficitaire, que la cessation des paiements remonte à plus d'un an mais a été masquée par le soutien sans faille de la SDBO. »

Le tribunal publie en outre quelques notes internes saisies au siège de la filiale du Crédit lyonnais : « Le feu est dans la maison

[...] le rejet de plus de 6 millions de francs de règlements va mettre sur la place publique la situation tendue du groupe » (22 janvier 1992). « Cette affaire est nulle ! Il ne reste qu'à espérer une revente » (10 décembre 1992). « Cette affaire au bord du dépôt de bilan, payons les chèques. »

« L'attitude surprenante adoptée par la SDBO, notamment dans le cadre de la consolidation des dettes de Trayvou, amène également à se demander si celle-ci n'a pas simplement réparti les risques entre les différentes sociétés du groupe, le crédit de la société Testut devenant largement fictif. »

Sur le prêt de 78 millions de la SDBO à Trayvou : « Le prêt n'a donc d'autre utilité que d'éviter à la SDBO d'avoir à constater la perte et à mettre la caution en demeure de payer. Il ne correspond pas aux données réelles d'exploitation de Trayvou. »

— *Sur la location-gérance :* Le tribunal estime une « location-gérance manifestement excessive » pour une société qui « n'a plus d'activité commerciale et n'emploie plus de salariés » et dont la « valeur du fonds est quasi nulle ».

— *Sur Bernard Tapie :* « Le tribunal a quelques doutes sur la vertu soudain revenue de l'actionnaire principal. Il a en effet constaté dans l'affaire Trayvou que celui-ci avait entendu faire supporter par Testut un passif bancaire dont il était caution. En raison des jeux d'écritures qui semblent fréquents dans le groupe, il y a lieu de s'inquiéter de savoir si les différents apports dont bénéficie la SA Testut ne relèvent pas de la même technique. »

Cette dernière allusion sur les jeux d'écritures dans le groupe est très grave. Elle sous-entend notamment que le groupe, fort des découverts bancaires admis dans toutes les sociétés, pourrait faire de la cavalerie, c'est-à-dire qu'il masquerait temporairement les difficultés d'une société en injectant de l'argent venu d'une autre pour établir les comptes. Une fois cette opération effectuée, l'argent repartirait vers sa destination d'origine. Ces aller et retour se sont notamment produits dans le cadre de La Vie claire.

La chambre commerciale a laissé d'autre portes ouvertes, sans se prononcer sur le fond. Des incidents de gestion peuvent, eux aussi, se révéler très gênants. « L'expert, note le tribunal, fait mention d'une dette envers Trayvou de 1,3 million de francs sur laquelle il n'a pas été donné de précision par la SA Testut. De même, il était dû 645 112 francs à la SNC BT Gestion[3]. » Si Testut est incapable de justifier des factures en échange de ces sommes, il est possible de penser qu'elles n'avaient pas lieu d'être.

La Commission des opérations de Bourse est tout aussi sévère pour le repreneur. Dans un rapport qui n'a jamais été publié mais qui a été remis au procureur de la République de Béthune en novembre 1993, elle constate que la note du 27 novembre 1990, rédigée lors de la souscription d'un emprunt obligataire de 100 millions de francs, comporte des informations « non sincères, de nature à porter atteinte aux intérêts des investisseurs ». « Les cessions successives de Trayvou au sein des sociétés contrôlées par M. Tapie, précise la COB, ont permis aux sociétés Testut et BTF de mener à bien des opérations d'appel public à l'épargne en excluant temporairement Trayvou de leur périmètre de consolidation »[4].

Devant ces irrégularités et les preuves irréfutables qui sont produites, Bernard Tapie fait mine de rester imperturbable. Il avance toujours la même défense, en confondant le volet commercial de l'affaire (le dépôt de bilan sauvé *in extremis*) et son aspect pénal (l'abus de biens sociaux d'un minimum de 41 millions de francs). Même s'il affirme avoir réparé les dégâts sur le plan commercial en réinjectant, contraint et forcé, de l'argent dans la société, l'infraction de faux et usage de faux et d'abus de biens sociaux n'est pas éteinte.

Et puis peut-on croire encore Bernard Tapie lorsqu'il cite des chiffres ? Un exemple : pour la première fois, le 26 novembre, à Hem, dans la banlieue lilloise, lors de son tour de France des MRG, il affirme que la balance entre ce qui « est sorti de ses poches » pour Testut et ce qui est « rentré dans ses poches » en provenance de la société est de 350 millions de francs en faveur de l'entreprise. Le soir même, à quelques kilomètres, à Lille, interrogé par France 3, le chiffre tombe à 300 millions de francs. Le lendemain, à Paris, sur le plateau de France 2, il parle de 290 millions de francs.

Autre leitmotiv, Bernard Tapie affirme : « Je ne me suis jamais enrichi sur la caisse de mes entreprises, ni sous forme de salaire ni sous forme de dividende. Je me suis enrichi en cédant mes entreprises à d'autres actionnaires. » Voilà pour ce qu'il déclare officiellement. Officieusement, il ne se fait pas prier pour affirmer qu'il s'est « toujours payé sur la bête ». Ce que tout le monde avait compris.

*

Les faits : le financement de la campagne de Léon Schwartzenberg (qui traite aujourd'hui Tapie de « voyou ») et le prêt à l'OM sont deux dossiers très médiatisés et repris à la volée par Bernard Tapie car il ne risque rien sur ces affaires. En revanche, le reproche principal adressé à Bernard Tapie est de s'être servi de l'une de ses sociétés (Testut) pour échapper à une partie des énormes dettes (41 millions de francs) contractées sur Trayvou. Il s'agit du dossier pénal, instruit par des juges (d'instruction) et qui sera jugé par le tribunal de grande instance de Béthune.

Outre ce dossier, il en existe un commercial. Les magistrats de la chambre commerciale ont obligé BTF à remettre 240 millions de francs à Testut afin d'éviter un redressement judiciaire. Bernard Tapie confond sciemment les deux aspects (pénal et commercial), laissant croire que l'argent remis sur le plan commercial effacera la faute (pénale) d'abus de biens sociaux.

Les enjeux : sur le plan pénal, Bernard Tapie risque une peine importante, qui pourrait provoquer son inéligibilité et ternirait définitivement son image. Sur le plan commercial, obligé de réinjecter 240 millions de francs, Bernard Tapie s'est en grande partie ruiné.

TESTUT

	Chiffre d'affaires (en MF)	*Résultat d'exploitation (en MF)*	*Résultat net (en MF)*
1988	196	16,6	+ 8,8
1989	221	35,5	+29,0
1990	198	10,7	+ 4,2
1991	202	7,0	−59,5
1992	224	−16,4	−59,7

A la fin de l'année 1982 (228,5 millions de francs de chiffre d'affaires, – 64,4 millions de francs de résultat), Testut employait 748 personnes, 482 à la fin de 1983, après restructuration. A la fin de l'année 1992, Testut employait 255 personnes, ses charges financières étaient de 65,4 millions de francs (29 % du chiffre d'affaires), son découvert bancaire de 78,5 millions de francs, ses dettes de 347 millions de francs

TRAYVOU

	Chiffre d'affaires (en MF)	*Résultat d'exploitation (en MF)*	*Résultat net (en MF)*
1987	103	– 11,1	– 14,0
1988	109	– 2,6	– 10,3
1989	108	0,7	– 8,6
1990	105	– 15,0	– 28,2
1991	79	– 38,4	– 54,6

LUTRANA

	Chiffre d'affaires (en MF)	*Résultat d'exploitation (en MF)*	*Résultat net (en MF)*
1987	148,2	8,4	4,5
1988	172,2	9,1	5,0
1989	171,7	– 0,8	– 6,5
1990	172,8	7,6	1,9
1991	181,0	10,3	0,6
1992	159,3		– 9,9

A la fin de l'année 1992, Lutrana employait 111 personnes.

8

Tapie, une Vie pas claire

Charlie-Hebdo.

La gestion de Bernard Tapie, très contestée par la justice en ce qui concerne Testut, pourrait l'être aussi pour les deux autres sociétés importantes dont il n'arrive pas à se débarrasser, La Vie claire et Terraillon, où l'on trouve quelques éléments étranges : décalage de trésorerie, dissimulation du passif réel, sortie illégale des actifs de la société, dépôt de bilan de La Vie claire et, là encore, des sociétés qui se promènent bizarrement au sein du groupe.

La Vie claire et Terraillon sont parmi les plus anciennes entreprises détenues par Bernard Tapie. La première a été rachetée en 1980 et la seconde en 1981. La Vie claire n'était ni un modèle industriel ni un exemple de gestion mais avait permis à Bernard Tapie de faire ses premières armes médiatiques. Elle fut longtemps sa référence publicitaire. Son équipe cycliste portait son nom et le superbe quatre-mâts d'Alain Colas, racheté à sa veuve, devint aussi *La Vie claire* avant d'être rebaptisé *Phocéa*.

Terraillon était, elle, une très bonne société. Bernard Tapie a eu la chance de tomber au milieu d'une discorde entre le père, Paul, et le fils, Marc, ce qui lui a permis d'empocher la firme savoyarde. Terraillon, son usine ultramoderne, son bureau d'études exemplaire, fut la référence industrielle de Bernard Tapie. Dès que le repreneur voulait convaincre un industriel ou un financier, tout le monde embarquait à destination de Juvigny pour visiter l'usine modèle du groupe. Mais, dans les mains de Bernard Tapie, Terraillon a été un gâchis total, industriel et humain.

Il semble en effet que la gestion quotidienne de celui qui réclamait il y a moins de dix ans — un siècle en termes de communication — l'étiquette d'industriel ait été catastrophique.

L'objectif est, toujours, de tirer le plus d'argent des sociétés acquises ou de les sortir du rouge pour les revendre. Il faut pour cela ingéniosité et expérience. Pierre Botton l'apprend à ses dépens lorsqu'il décide de reprendre La Vie claire. Et Bernard Tapie lui donne alors quelques conseils — trop tard. Et quels conseils !

La scène se passe lors de l'été 1992. Pierre Botton téléphone à Bernard Tapie au sujet de La Vie claire. A cette époque, Tapie se débat avec Georges Tranchant et le juge Édith Boizette ; Pierre Botton, quant à lui, est très sérieusement inquiété par le fisc et bientôt par la justice. Les deux hommes font la une de l'actualité.

Pierre Botton appelle Bernard Tapie pour réclamer son dû. Le président de l'Olympique de Marseille est sur le *Phocéa,* au large de la Turquie, Pierre Botton est dans son appartement parisien de l'avenue Paul-Doumer. Tapie expédie Botton sans ménagements. Le gendre de Michel Noir est dépité :

« Mais pourquoi vous acharnez-vous sur moi ? J'ai déjà un genou à terre, réplique Botton.

— Écoute, t'as quel âge ?

— Trente-sept ans !

— Bon, alors écoute. Cette affaire va t'apprendre beaucoup. Sache qu'il ne faut jamais aller au pénal, on ne s'en sort pas. Il faut toujours s'arranger. »

A cette époque, le conseil est inutile, Pierre Botton est dans la nasse. Et le rachat de La Vie claire l'y a précipité.

L'affaire de La Vie claire débute à l'automne 1991. Bernard Tapie a plusieurs fois essayé de céder l'entreprise, notamment au Britannique Booker, qui, en 1986, se portait acquéreur de 38 % pour 100 millions de francs. Toutefois, la cession comportait une clause de résultats que Bernard Tapie était incapable de respecter. En 1989, Bernard Tapie était obligé de reprendre la totalité de la chaîne de magasins diététiques.

En octobre 1991, il trouve un autre acheteur, lui aussi très médiatique, Pierre Botton, le gendre du maire de Lyon, Michel Noir. Pierre Botton, qui a réussi un beau parcours comme directeur de campagne, veut se forger, dix ans après Bernard

Tapie, une image d'industriel. Il a trente-sept ans, l'âge qu'avait Bernard Tapie lors du rachat de La Vie claire. Il est propriétaire d'un petit groupe dans l'agencement des pharmacies et s'attaque à une proie aussi grosse que lui.

La Vie claire est en mauvais état, son réseau de magasins poussiéreux et ses résultats détestables. Pierre Botton va pourtant s'engager à payer 100 millions de francs. Bernard Tapie, qui a surévalué ses actifs dans BTF, veut en effet donner tort aux analystes, notamment aux commissaires aux comptes qui refusent de valoriser à 115 millions de francs La Vie claire. Le mandat des commissaires aux comptes ne sera pas renouvelé. Si Bernard Tapie parvient à vendre La Vie claire à ce prix, il accrédite la thèse que tous ses autres actifs ont la valeur qu'il a lui-même arbitrairement fixée. Après tout, n'est-il pas un vendeur de génie ?

Afin que l'acte de vente soit signé pour un montant de 100 millions de francs, il va allécher Pierre Botton. Lequel est persuadé de posséder le talent nécessaire pour redresser la société. Bernard Tapie demande une fois encore à la fidèle SDBO d'accorder un crédit à l'acheteur. La première traite de 15 millions de francs sera donc financée par un découvert bancaire chez celle-ci. Deuxième partie du plan : le contrat de vente est réalisé avec une clause très spécifique de dépassement de passif. Une clause dite « jackpot » et qui porte bien son nom.

Le mécanisme du jackpot est le suivant : BTF assure que le passif de La Vie claire est de 18 millions de francs. Si ce montant des dettes est dépassé, BTF le rembourse selon des modalités particulières. Chaque dépassement d'une certaine somme est crédité d'un effet multiplicateur. Prenons un exemple, qui n'est pas celui de La Vie claire. Si le dépassement de passif est de 1 million, le vendeur rembourse $1 \times 1 = 1$, si le passif est de 2, le vendeur rembourse $2 \times 1 = 2$, et ainsi de suite.

Cette clause est particulièrement dangereuse pour le vendeur, mais Bernard Tapie préfère rembourser certaines sommes lors de transactions ultérieures et privées et valoriser à 100 millions La Vie claire, dont la vente est finalisée le 23 février 1992. Bernard Tapie Finance vend à Lugdunum Finance.

Pierre Botton constate rapidement que le passif est plus lourd que prévu, que les comptes ne sont pas très clairs et que le réseau est délabré. Il nomme un expert-comptable pour analyser la société. Après un réaménagement des comptes, le verdict est sans appel. Le passif n'est pas de 18 millions de francs mais de 51.

L'expert découvre aussi quelques jongleries comptables et, notamment depuis un an, au début de chaque mois, des aller et retour de 10 millions de francs entre La Vie claire et BTF. Plus grave, il constate dans la trésorerie à court terme un décalage de 2 millions de francs. Un décalage ordonné par la direction de BTF.

En effet, lors de cette vente est remis un document de trésorerie sur les trois premiers mois de l'exercice 1992, sous la forme d'un tableau classique présentant les recettes puis les dépenses. Ce tableau occupe toute la page. Or, sous le tableau, il manque trois paragraphes rédigés par le comptable, dont celui qui conclut le document : « Cela nous amène à décaler les échéances fournisseurs de dix jours et peut nous amener à une situation délicate début avril. »

La personne chargée par Pierre Botton de l'audit demande rapidement au comptable de s'expliquer : « Avez-vous reçu personnellement des instructions pour ne pas révéler ce qui précède, antérieurement au 20 février 1992 ? Si oui, de qui ? Quand ? Et pour quel motif ? La réponse écrite du comptable est confondante : « Le report d'échéance a été préconisé par M. X... car c'était la solution la plus facile à mettre en œuvre pour l'époque. Il s'agit de communications téléphoniques entre les 15 et 20 février. J'ai abordé le sujet le 21 février. La réponse de M. X est : “ Il est trop tôt. ” » Ce maquillage va s'avérer déterminant et finalement très coûteux pour Bernard Tapie Finance.

Il est également mis au jour que la société et trois filiales encourent des amendes d'un total de près de 300 000 francs pour non-respect de la législation sur les sociétés (capitaux propres inférieurs à la moitié du capital et dépôts des comptes annuels). Pierre Botton découvre enfin des loyers « mirifiques » payés à la Financière et Immobilière Bernard Tapie, des factures d'avion non détaillées, des factures de menuiserie, etc.

En attendant, le comptable de Pierre Botton précise que l'on peut, suivant la méthode employée, tolérer un écart de 15 millions de francs sur son estimation. Pierre Botton fixe le passif à 35 millions de francs et tente de récupérer auprès de Bernard

Tapie l'argent dû au titre de la clause de passif. Cette dissimulation de passif opérée grâce à des techniques particulières n'est pas une nouveauté pour l'équipe de Bernard Tapie. En vendant Look pour 260 millions de francs, Tapie avait indiqué que l'exercice 1989 serait équilibré. « En faisant les comptes de manière comptable et équilibrée, le déficit était de 80 millions de francs », indique Sandro Arrabian, directeur général d'Ebel, la firme suisse de montres qui a racheté Look. Ainsi les stocks et les actifs avaient été surévalués et certaines créances étaient fictives. Le tout pour près de 40 millions de francs. Ebel, qui s'était engagée un peu inconsidérément dans ce rachat, ne paiera pas la dernière traite, d'un montant de 15 millions de francs.

Pierre Botton est plus accrocheur que les dirigeants d'Ebel. Il a surtout très peu de moyens et ne peut pas prendre le risque d'acquitter 100 millions de francs pour une société dans un tel état. Ses relations avec Bernard Tapie vont rapidement se détériorer. Pierre Botton est reçu au ministère de la Ville par ce dernier. Le nouveau ministre renvoie très vite ce nouvel adversaire. « J'ai le pouvoir, lui assène Tapie, et je vais m'en servir. » Humilié, Pierre Botton donne le feu vert à ses avocats afin de mettre en œuvre tous les moyens légaux pour la restitution de son argent. La justice lui donne rapidement des raisons d'espérer et bloque 15 millions de francs sur les comptes de Bernard Tapie Finance à titre conservatoire. Bernard Tapie est en rage et hurle que Pierre Botton doit payer « avant de dire quoi que ce soit ». La fureur de Bernard Tapie n'y change rien et la justice confirme sa décision.

Un long processus et un terrible bras de fer juridiques semblent s'engager au début de l'été 1992. Mais la SDBO commet une terrible erreur. Moins conciliante avec Pierre Botton qu'avec Bernard Tapie, elle refuse au nouveau propriétaire de La Vie claire un découvert de 2 millions de francs. 2 millions qui manquent à Pierre Botton à cause du décalage de trésorerie. Au beau milieu de l'été, La Vie claire est en cessation de paiement et, le 11 août, Pierre Botton dépose le bilan, avec comme passif déclaré non plus 18, 35 ou 51 mais... 62 millions de francs. Côté Lugdunum Finance, Pierre Botton rappelle ses avocats en catastrophe.

De l'autre côté, avenue de Friedland, c'est la panique à bord de Bernard Tapie Finance. Il y a en effet toutes les chances que le tribunal prononce un redressement judiciaire et ramène les effets de la cessation de paiements douze ou dix-huit mois plus tôt. BTF serait donc obligée d'honorer une bonne partie des dettes de La Vie claire. Il y a aussi les aspects politique et médiatique : Tapie vient d'essuyer une tempête avec l'affaire Tranchant. Ce dossier lui a coûté son poste de ministre de la Ville mais Pierre Bérégovoy lui a laissé bon espoir de récupérer son maroquin si la justice le lave des faits dont il est soupçonné. Il ne veut donc pas d'un second dossier pénal sur le dos. Les irrégularités découvertes dans La Vie claire ne manqueraient pas d'être étalées sur la place publique, effet désastreux pour un homme qui veut redevenir ministre et vendre Adidas dans les plus brefs délais.

Pendant trois jours et trois nuits, Pierre Botton et ses conseils affrontent Élie Fellous et les siens pour tenter de trouver un accord à l'amiable. Ils finissent pas résilier la vente. BTF accepte notamment un retour pur et simple tout en étant avertie de certaines pratiques de Pierre Botton dans le court laps de temps pendant lequel il a dirigé la société. Il s'agit notamment de fausses factures d'un montant de plus de 1 million de francs.

Un an plus tard, en 1993, Pierre Botton est d'ailleurs mis en examen pour « abus de biens sociaux » dans ce dossier instruit par le juge lyonnais chargé de toutes les autres affaires Botton. Le gendre de Michel Noir est persuadé que tous ses ennuis fiscaux ont débuté après le début de son affrontement avec Bernard Tapie. Il est vrai que la chronologie des dates plaide en faveur de cette thèse. Les saisies ordonnées sur le compte de BTF dans plusieurs banques datent du 1er et du 11 juin. A partir de là, les contrôles fiscaux vont s'abattre sur Pierre Botton : le 17 juin sur deux sociétés de capital-risque, Alpha et Bêta Finance, le 21 juillet sur la holding Groupe Pierre Botton, le 26 juillet sur sa principale société, Boisson. Pis, l'administration fiscale, qui avait gardé en réserve un contrôle fiscal sur Vivien, transmet le dossier au parquet de Lyon. Les ennuis de Pierre Botton ne font que commencer.

BTF ne sort pas indemne de cette vente. Certes, le tribunal de commerce ne donne pas suite au dépôt de bilan, estimant que, un accord de rétrocession ayant été trouvé, il n'y a pas lieu d'effectuer un redressement judiciaire, toutefois BTF accorde une indemnité de 5,5 millions de francs à Pierre Botton. Il touche 2 millions immédiatement et, lorsque BTF paie le reliquat, 3,5 millions de francs, il est déjà en prison. La justice ne s'est-elle pas intéressée à la drôle de gestion de La Vie claire par BTF, ni aux aller et retour au sein de BTF, ni aux factures d'avion, ni au décalage de trésorerie ? En treize ans, Bernard Tapie a beaucoup appris, Pierre Botton a beaucoup à apprendre pour se hisser à son niveau.

La Franco-Genevoise aime les voyages

Concernant Terraillon, Bernard Tapie manifeste d'ailleurs toute sa puissance et fait étalage de son incomparable séduction. Dès la reprise, en 1981, il les charme tous, banquiers, industriels, journalistes, en les baladant sur le site de vingt-deux hectares de Juvigny. Auprès des ouvrières ébahies, il joue les play-boys et promet gloire et fortune. « Qu'est-ce que vous faites là, belles comme vous êtes ? » glisse-t-il volontiers en faisant le tour des ateliers. Quelques mètres plus loin il passe la main dans le dos d'une ouvrière. « Qu'est-ce que tu touches comme primes ? Non, mais c'est dingue ! Moi, mes secrétaires à Paris, elles roulent toutes en Porsche, et puis vous allez voir, cette année l'arbre de Noël, c'est pas le CE qui le prend en charge, c'est moi, vous allez voir ! »

A l'époque, « Bernard » avait même offert au personnel une soirée à Divonne, « pour faire connaître le casino aux paysans », ironise une ouvrière. Les syndicats avaient appelé à boycotter la manifestation, alors Tapie s'était mis à hurler : « Je ne ferai rien pour Terraillon ! » Et pourtant, à l'écouter, à tous les coups l'on gagne. Il garantit même les emplois sur trois ans.

Les « nanas » étaient sous le charme, se souvient l'une d'entre elles, « les ouvriers étaient hypnotisés », se souvient le syndic. « Ah, s'ils avaient seulement accepté des conditions de concordat plus sérieuses, on aurait pu étendre les hypothèques au fonds industriel, il n'aurait jamais pu délocaliser ! » regrette-t-il pour tous ces employés qui sont désormais au chômage. Mais il reste fasciné :

« Ce type n'avait pas de compétences mais un don de persuasion extravagant. Il aurait fallu l'envoyer aux États-Unis, en Roumanie ou en Russie décrocher des contrats, il serait revenu avec des valises pleines. Il aurait été cent fois plus heureux et cent fois plus riche. Il avait acheté quelques bonnes affaires. S'il s'était contenté de les développer, il aurait été le roi de la place. » Tel n'est pas Tapie.

Très vite, il se lance dans des promesses inconsidérées, comme d'habitude. En 1987, il jure que « dans un an » la société fera 1 milliard de chiffre d'affaires, sa « taille critique », qu'il va racheter le numéro 1 mondial du secteur, Sunbeam, qu'il emploiera deux mille personnes. En fait, en 1988, Terraillon réalise 310 millions de chiffre d'affaires et Sunbeam restera de l'autre côté de l'Atlantique. Bernard Tapie ne se démonte pas pour si peu et assure à toute la Haute-Savoie la « pérennité » de son engagement « dans le secteur » (pesage) et « dans le coin ».

Le sauveur de la Haute-Savoie abandonne pourtant la gestion de Terraillon. Les cinq cent soixante salariés qu'il trouve en 1981 sont moins de trente douze ans plus tard. En 1992, alors qu'il est ministre de la Ville du gouvernement Bérégovoy et que tout le monde se mobilise contre les délocalisations, il transfère la production en Irlande, en Chine et en Malaisie. Et le tout avec l'assentiment et le soutien du gouvernement, par la voix de son ministre de l'Industrie, Dominique Strauss-Kahn, qui affirme devant l'Assemblée nationale : « la situation de Terraillon est difficile en raison de la compétition à laquelle elle est confrontée [...]. Il n'est pas possible de maintenir tous les types de production sur le sol national quand la concurrence est particulièrement sévère et mieux vaut que la société réalise une partie de sa production à l'étranger, plutôt que de fermer ses portes. » En 1993, Terraillon prendra la décision d'abandonner son unique site de production, à Juvigny. La société, qui a discrètement changé de siège social pendant le week-end du 15 août 1993, n'est plus qu'une coquille commerciale située à Chatou.

Mais il y a pire. Les dirigeants de Terraillon ont bravé la loi pour tirer quelques bénéfices supplémentaires et rassurer leur banquier en violant les règles du concordat. Ils font un « coup de banque » en revendant pour 27 millions de francs à d'autres filiales du groupe deux immeubles grevés d'hypothèques mais cédés sans accord préalable du commissaire au concordat, sans purge des hypothèques ni mention dans les actes authentiques. Et surtout sans restitution de la valeur immeuble à la masse des créanciers, alors que ces immeubles et leurs hypothèques étaient en garantie du concordat. Cette opération permet d'encaisser 27 millions de francs et de redonner du tonus à la trésorerie de Terraillon, société dont il faut redorer le blason.

La Finterbank, autre fidèle alliée de Bernard Tapie, s'est immédiatement portée caution des dividendes concordataires non payés dans cette manipulation, mais de curieuse manière pour un établissement bancaire. « Il a fallu que je me fâche pour obtenir que la signature de la caution soit précédée de la mention “ bon pour caution ” », se souvient le syndic chargé de l'exécution concordataire.

Ce coup de banque n'est pas la seule pirouette financière. Il existe aussi dans Terraillon des sociétés qui aiment les excursions au sein du groupe Tapie. Il n'y a pas que Trayvou pour voyager entre les SNC et Testut. Ainsi la Franco-Genevoise de mécanique a-t-elle été cédée trois fois en trois ans avec un coquet bénéfice à l'appui.

Le 27 avril 1989, la Franco-Genevoise de mécanique (ancien atelier de Terraillon séparé de sa maison mère en 1983), qui appartient au groupe Bernard Tapie et travaille exclusivement pour Terraillon, est vendue à Terraillon. Le montant de la cession est de 500 000 francs pour neuf mille neuf cents actions. Quelques semaines plus tard, Terraillon cède à son tour 99,9 % de la Franco-Genevoise de mécanique, « en vue de constituer un pôle industriel de dimension européenne et de centrer Terraillon sur ses activités de base », indique le rapport d'activité de BTF pour l'exercice 1989. Dont acte. Le montant de la cession n'est pas connu. Le compte rendu d'un conseil d'administration présidé par Bernard Tapie évoque la « logique d'un groupe de pesage ».

Trois ans plus tard, alors que BTF détient toujours les mêmes sociétés, la « logique » est différente : « La nature de l'activité de FGM, qui détient essentiellement la société savoisienne d'injection, ancien département plastique de Terraillon, fait qu'elle est actuellement principalement orientée vers Terraillon et qu'il paraîtrait donc opportun de la rétrocéder à cette dernière. » Montant de la cession : 700 000 francs. Bernard Tapie réalise ainsi un petit miracle de la finance puisqu'il obtient, *via* sa SNC et BTF, un bénéfice d'un maximum de 1,2 million de francs (il faut retirer le prix payé par BTF lors de l'incorporation de FGM) en vendant deux fois FGM, une société qui a perdu 1,1 million de francs en trois ans et réalise moins de 6 millions de francs de chiffre d'affaires par an.

En outre, la plus-value de ces deux ventes s'est effectuée au détriment de Terraillon, société criblée de dettes et qui a perdu, l'année du rachat de FGM, plus de la moitié de son chiffre d'affaires (92 millions de francs pour 160 de chiffre d'affaires). Et, ô magie, la Franco-Genevoise de mécanique lui appartient encore et toujours *via* sa participation à Terraillon. Bernard Tapie peut donc la revendre une quatrième fois. A Testut ?

Bernard Tapie a d'autres tours dans son sac pour amasser de l'argent sur le dos de ses sociétés. Il sait également jouer en Bourse. En effet, si le petit actionnaire a été pris dans le piège de BTF, dont l'action fut cotée pour la première fois à 142 francs le 21 novembre 1989 et retirée du marché trois ans plus tard à 100 francs, l'introduction tant rêvée par Bernard Tapie de son groupe a été profitable pour... son principal actionnaire. Observons de près ce qui s'est passé en coulisses avant l'introduction de Bernard Tapie Finance au second marché.

Testut, destinée à être intégrée à BTF, souscrit une augmentation de capital. Qui participe en majeure partie à cette augmentation de capital ? Bernard Tapie. Il achète les actions Testut 400 francs. Quelques jours plus tard, Testut, qui appartient à la SNC Groupe Bernard Tapie, est vendue à Bernard Tapie Finance. La cession se réalise sur la base d'une action à... 550 francs. La plus-value pour Bernard porte très exactement sur 120 793 actions. Plus-value personnelle de Bernard Tapie : 18 millions de francs. La société Testut, qui était, elle, en Bourse depuis 1924, sera radiée de la cote le 19 août 1993.

Avant Testut, Bernard Tapie avait déjà réalisé d'impressionnants bénéfices sur les actions Wonder. Nul ne sait s'il a pris autant d'argent grâce à Terraillon. Il a pourtant joué avec les nerfs de la Commission des opérations de Bourse, étrangement impuissante. Ainsi Bernard Tapie a-t-il multiplié les fausses déclarations, dopant artificiellement le cours de l'action introduite au second marché de Lyon en 1986.

En 1987, Terraillon a convié journalistes et analystes financiers. Bernard Tapie publie quelques chiffres, il annonce pour l'exercice suivant 1 milliard de chiffre d'affaires et 120 millions de francs de bénéfices. Le lendemain, l'action monte de 14 %. En 1988, la société Terraillon réalise 351 millions de chiffre d'affaires en guise du milliard promis et les cours rechutent. Bernard Tapie s'en offusque : la Bourse de Lyon est « dingue ». « Je regrette d'être allé à Lyon car il s'y passe des choses qui ne me plaisent pas. Inscrit à 205 francs, le titre a atteint 900, puis 1250, avant de retomber à 290, sans que Terraillon fasse état de mauvais résultats. »

A la fin de l'année 1991, Bernard Vacher, qui dirige la société, informe les salariés qu'il faut attendre les résultats du premier semestre pour savoir si l'entreprise est en mesure de continuer. Le cours est au plus bas. Au mois d'avril, Bernard Tapie, sans en avertir la COB, sans suspendre la cotation, annonce un RES, un « projet très avancé », souligne-t-il. BTF est obligée de suspendre le cours de Terraillon. Finalement, Bernard Tapie retire en janvier 1994 Terraillon du second marché de Lyon à l'issue d'une OPA (offre publique d'achat) simplifiée.

Enfin, ne comptons pas les remontrances de la COB lors de ses rapports périodiques. Le palmarès est éloquent : toutes les sociétés de Bernard Tapie — Wonder, Testut, Terraillon et BTF — ont été épinglées. Il a donc préféré en 1993 et 1994, les retirer du marché boursier.

*

Les faits : Bernard Tapie n'arrive pas à se débarrasser de ses sociétés. Pour colmater les brèches, il recourt à des méthodes dangereuses et douteuses, voire illégales. Le gâchis social est total. Les sociétés Terraillon et La Vie claire employaient quelque 800 personnes lorsque Bernard Tapie les a reprises. A la fin de 1993, elles en emploient moins de 200.

Les enjeux : il n'est pas à exclure que la justice s'intéresse un jour à ces deux entreprises ou que les actionnaires de Terraillon, société longtemps cotée en Bourse, demandent des comptes plus précis aux dirigeants. Les deux sociétés sont lourdement endettées et Bernard Tapie doit s'en débarrasser au plus vite pour ne pas connaître la mésaventure Testut.

LA VIE CLAIRE *

	Chiffre d'affaires (en MF)	*Résultat d'exploitation (en MF)*	*Résultat net (en MF)*
1987	169	− 0,6	− 3,7
1988	155	− 7,1	− 10,5
1989	143,9	2,2	1,2
1990	143,5	− 4,6	− 14,7
1991	136,4	− 5,7	− 9,5

GROUPE TERRAILLON

	Chiffre d'affaires (en MF)	*Résultat d'exploitation (en MF)*	*Résultat net (en MF)*
1988	351,4	17,9	6,4
1989	310,7	12,9	12,9
1990	369,9	− 4,2	− 38,7
1991	355,9	− 7,7	− 28,5
1992	160,4	− 21,2	− 91,8

* Les filiales de La Vie claire sont : Point Nature (détenue à 98,96 % par La Vie claire, forme juridique : SA, enregistrée à Créteil) ; Société d'exploitation Arche de vie (99,99 %, SARL, Créteil) ; L'Arbre de vie (93,80 %, SARL, Paris) ; Ferme Saint-André (100 %, SARL, Créteil).

Les participations de La Vie claire sont : France Gastronomie (4,89 %, SA, Auxerre) ; Natural Traiteur Minceur (20 %, SARL, Créteil).

SCAIME

	Chiffre d'affaires (en MF)	*Résultat d'exploitation (en MF)*	*Résultat net (en MF)*
1987	48,9	7,2	3,7
1988	42,3	4,4	2,3
1989	60,9	8,8	4,5
1990	54,9	6,9	3,3
1991	50,9	4,2	1,6

FGM

	Chiffre d'affaires (en MF)	*Résultat d'exploitation (en MF)*	*Résultat net (en MF)*
1987	4,9	– 0,3	– 0,15
1988	5,1	0,17	0,07
1989	6,9	0,35	0,12
1990	6,2	– 0,3	– 0,4
1991	5,7	– 0,8	– 1,1

Une autre société appartient au groupe Terraillon, la firme irlandaise Hanson. La Franco-Genevoise de mécanique (FGM) détient la Savoisienne d'injection. Toutes deux sont ou étaient basées à l'ancien siège de Terraillon, à Juvigny.

Selon les syndicats, Terraillon est par ailleurs propriétaire d'un ou plusieurs ateliers de fabrication en Extrême-Orient, en Malaisie et en Chine.

9

La balance de Tapie

L'Équipe, 13 octobre 1993.

L'un des principaux sujets de polémique concernant Bernard Tapie est le nombre des emplois qu'il a supprimés lors de ces reprises. Le repreneur estime, lui, qu'il a préservé des salariés en sauvant des sociétés moribondes, thèse qui se défend. Ce fut notamment le cas pour Testut.

Le 10 octobre 1993, lors de *L'Heure de vérité,* il estimait qu'il avait, au cours de sa carrière, supprimé 2 500 emplois. Voici publié pour la première fois la balance des emplois éliminés par Bernard Tapie **en France et en Belgique**. Il s'agit d'une estimation basse, car on ne peut dénombrer avec certitude que les emplois perdus lors d'un plan social, d'un arrêt d'unité de production ou d'une fermeture d'entreprise.

	Nombre d'emplois à la reprise (année de reprise)	*Nombre d'emplois actuels (année de cession)*	*Balance +/–*
Groupe Testut			
TESTUT	482 (1983)	255	– 227
TRAYVOU	160 (1983)	0	– 160
LUTRANA	316 (1990)	111	– 205
MATHIEU	41 (1990)	0	– 41
ASV	0 (1992)	150	+ 150
ORAMA	120 (1984)	0	– 120
K et F	137 (1984)	0	– 137
SOUBITEZ	320 (1983)	230 (1989)	+ 90
Groupe Terraillon			
TERRAILLON	560 (1981)	30 *	– 530

* Estimation à la fin du dernier plan social qui devait prendre effet avant l'été 1994.

SCAIME **	0 (1983)	120	+ 120
FGM	0 (1983)	9	+ 9
SAV/INJ	0 (1983)	17	+ 17
HANSON ***	NC (1989)	NC	NC
CIPHAS	29 (1983)	0	− 29
LOOK	380 (1983)	263 (1989)	− 117
DONNAY	300 (1988)	175 (1991)	− 125
VIE CLAIRE	390 (1980)	100	− 290
WONDER	2250 (1984)	1000 (1989)	− 1250
PACCARD	450 (1987)	40 (1989)	− 410
ADIDAS ****	9850 (1990)	NS (1993)	− 1200
TOTAL			− 4729

Au plus haut, en juillet 1990, au moment du rachat d'Adidas, le groupe Bernard Tapie comptait environ 11 500 salariés. Il devrait employer fin 1994 (après la cession d'Adidas) moins de 800 personnes.

** Les firmes SCAIME (Société de conception et d'application d'instruments de mesure), FGM (Franco-Genevoise de mécanique) et Savoisienne d'injection, basées à Juvigny (Haute-Savoie), sont des anciens ateliers de Terraillon détachés de la maison mère en 1983.

*** La société Hanson (Irl.), du groupe Terraillon, est une société de droit étranger. Aucun chiffre n'a jamais été communiqué (NC) par Terraillon.

**** Le chiffre des effectifs d'Adidas lors de la cession n'est pas significatif (NS) comparativement au chiffre donné lors de l'acquisition, le périmètre de l'entreprise ayant changé. Plusieurs marques ont notamment été vendues lorsque Bernard Tapie était propriétaire de l'entreprise. Lors de l'achat d'Adidas, Bernard Tapie avait estimé les sureffectifs à 3 500 personnes. La balance (− 1 200 emplois) est faite avec des emplois uniquement rattachés à la maison mère, fermeture de deux sites en Allemagne et restructuration dans les sites français. Comme Bernard Tapie, Robert-Louis Dreyfus, son successeur, confronté aux sureffectifs, à la crise économique et à la concurrence féroce de Nike et Reebok, qui produisent leurs équipements en Extrême-Orient, a dû continuer un plan drastique de restructuration.

TROISIÈME PARTIE

10

Du football en général, de Tapie en particulier

L'Equipe, 1er juillet 1993.

La deuxième affaire de l'été 1993 après Testut est beaucoup plus séduisante, accablante et drôle. Estampillé « VA-OM », ce dossier de corruption respecte toutes les règles du feuilleton, tenant en haleine la majorité des Français.

Avant de l'aborder, il est bon de revenir sur les pratiques du petit monde du football, un milieu populaire et médiatique mais très fermé. Il est utile de rappeler quelques méthodes étonnantes, quelques coutumes gênantes, quelques chiffres éclairants, pour le football en général et en particulier pour le club de Bernard Tapie, l'OM, le plus célèbre et le plus titré de tous. En 1986, lorsque Bernard Tapie décide de s'intéresser à ce sport, le patriarche est Jean Sadoul, qui, en accord avec quelques caciques, gère autoritairement la Ligue nationale. Les héros s'appellent Michel Platini, Michel Hidalgo et Alain Giresse. Après le succès de la France en Championnat d'Europe, en 1984, la télévision, avec l'arrivée de Canal +, commence simplement à exploiter le filon.

Au niveau des clubs, en Championnat de France, la situation est moins brillante. Un constat est obsédant . aucun club français n'a été capable de remporter une Coupe d'Europe pourtant déclinée en trois versions : Coupe d'Europe des clubs champions (C1), la plus prestigieuse, Coupe des vainqueurs de coupes (C2) et Coupe de l'UEFA (C3). Les dirigeants français semblent s'accommoder de cette situation peu reluisante.

Deux éléments commencent à troubler ce subtil équilibre : le début de la guerre des droits de télévision et l'arrivée de Claude Bez et de Jean-Luc Lagardère, le puissant patron du groupe Matra-Hachette, qui a décidé de s'offrir une vitrine et de mettre en action tous les moyens nécessaires pour monter le plus grand club français. Jean-Luc Lagardère détient un trésor de guerre, dérégulant toutes les lois du marché national français. Quelques années auparavant, Claude Bez avait employé des techniques similaires, qui déraperont cette fois, à cause de la mégalomanie du personnage. Le monde du football commence une mutation où progressivement les intérêts et les sommes en jeu vont devenir considérables.

Incité et épaulé par Gaston Defferre, Bernard Tapie prend la route de Marseille. Il choisit les meilleurs techniciens, Michel Hidalgo et Gérard Banide, embauche le « meilleur stoppeur du monde », l'Allemand Karl-Heinz Foerster, le Bordelais Alain Giresse et un jeune espoir français qui joue en Belgique, Jean-Pierre Papin. Une nouvelle fois, Bernard Tapie s'adapte à une vitesse surprenante. Les Marseillais terminent à une belle deuxième place lors de la première saison de l'ère Tapie.

Ce résultat inespéré cache à Bernard Tapie que Michel Hidalgo et Gérard Banide ne sont pas les hommes de la situation. Au milieu de l'été 1988, le président de l'Olympique de Marseille montre qu'il prend lui-même les affaires en main. Au bout de trois rencontres, il limoge Gérard Banide, met Michel Hidalgo au placard et commence à gérer seul l'OM. Il devient le véritable entraîneur du club, recrute les joueurs avec ses secrétaires, compose l'équipe, impose ses vues aux meilleurs techniciens de la planète, Franz Beckenbauer, Tomislav Ivic ou Raymond Goethals, ou les remercie. Dès la troisième des années Tapie, l'OM est champion de France, avec un entraîneur inconnu sorti du centre de formation du club, Gérard Gili.

Indubitablement, l'arrivée dans le football de Bernard Tapie a déclenché à Marseille et en France un nouvel engouement et les enjeux économiques deviennent primordiaux, notamment par le biais des droits télévisés. Tapie a la manière pour créer l'événement.

Outre les implications purement économiques et financières, Bernard Tapie a lié son sort à l'Olympique de Marseille. La réussite du club est, à partir de 1988, un instrument indispensable pour sa carrière politique. Ce constat a décuplé aux yeux de Tapie l'intérêt qu'il avait à faire de l'OM la meilleure équipe de France mais surtout d'Europe. Le président du club est persuadé, avec raison, qu'une victoire en Coupe d'Europe est le principal gage de succès aux élections.

A partir de cette époque, ce qui se passe dans les coulisses et dans les vestiaires de l'Olympique de Marseille est peu glorieux, loin des belles images de liesse et de triomphe. Dans les couloirs du club, on peut suivre la ligne de conduite de Bernard Tapie : la fin justifie les moyens, tous les moyens.

Bernard Tapie consacre à l'Olympique de Marseille le temps qu'il n'a jamais pris pour gérer une entreprise. Il regarde les cassettes vidéo en famille pour dénicher les joueurs, négocie, hurle ou cajole. Il reprend la méthode qu'il utilisait dans ses entreprises, annonçant lui-même le nom des licenciés, d'homme à homme. Dans les vestiaires, le soir après les rencontres il fait le tour des joueurs, les insulte ou les rassure un par un, devant les autres. Les gueulantes du président sont impressionnantes et personne ne songe à y répondre. Aucun autre président n'est capable d'aller affronter les joueurs. « Je vous jure que le match suivant on avait envie de montrer ce qu'on valait [1] », se souvient Yvon Le Roux. Mais quand un joueur est malade, le président prend son téléphone, se renseigne et l'encourage. Il a parfaitement compris la psychologie des footballeurs.

La pression sur les joueurs est énorme, constante et intelligente. « On n'avait pas le droit de perdre, c'était très explicite, raconte un autre international. Dans la semaine, il était super, très copain-copain. Il faisait monter la pression à partir du jeudi ou du vendredi. Le jour de la rencontre, il redevenait le président. » Tous ceux qui ont évolué sous les couleurs de l'Olympique de Marseille ont passé des années usantes, épuisantes, mais ont tout gagné. Ils se sont tous forgé un palmarès ou une carte de visite inestimables.

A la tête de l'OM, Bernard Tapie connaît une réussite étourdissante. Il aligne les titres de champion de France, cinq consécutifs, mais il en veut plus, réussir là où tous les autres ont échoué : la Coupe d'Europe. On pourra lui reprocher d'être un affairiste, de ne jamais avoir été un industriel, là on ne pourra pas lui reprocher d'avoir remporté un trophée à moitié. Une Coupe d'Europe se gagne ou se perd. Il s'emploie donc complètement à cet objectif.

Deux maux majeurs, déjà connus avant l'arrivée de Bernard Tapie, vont s'amplifier et gangrener un peu plus le football français : le dopage et la corruption. Sur ce dernier point, les avis divergent, la corruption pourrait être un phénomène plus récent.

Dès 1990, Bernard Tapie se défendait devant la Commission de discipline de telles pratiques : « Il faut ne jamais avoir pratiqué le football, expliquait-il, pour ne pas se rendre compte que ce n'est pas possible sans que cela se sache. C'est possible mais cela se sait. Je pense qu'il est impossible que cela ne se sache pas au niveau d'un joueur[2]. »

Pourquoi ces deux phénomènes sont-ils restés si longtemps dans l'ombre ? Comme l'affirme Bernard Tapie, les principaux acteurs sont les joueurs et ils sont liés par des contrats juteux. Ils sont tenus par la masse d'argent qu'ils perçoivent. Sans évoquer les émoluments des stars ou des dix meilleurs joueurs du Championnat de France, un bon joueur gagne à l'Olympique de Marseille plus de 200 000 francs par mois, approximativement le salaire de Jean-Jacques Eydelie. Un autre ancien Nantais, également défenseur, gagna entre 250 000 et 280 000 francs pour son premier contrat. Il touchait déjà près de 200 000 francs à Nantes, club pourtant ruiné. Il faut souvent ajouter les primes de transfert et les primes de match. Un joueur moyen peut dans une bonne équipe gagner 5 millions de francs en une saison. Le futur contrat d'Eydelie était d'ailleurs estimé à 15 millions de francs sur trois ans. Les vedettes actuelles du club, tel l'Allemand Rudi Voeller, ont des salaires mensuels approchant ou dépassant le million de francs. Le Britannique Chris Waddle a, pour son seul transfert, personnellement empoché 16 millions de francs, son club 45. Bernard Tapie a vendu Jean-Pierre Papin et Alen Boksic pour plus de 80 millions de francs l'unité.

Au bas de l'échelle du Championnat de France, Christophe Robert, joueur de Valenciennes, modeste club de première division, a gagné (salaires, primes de match, prime à la signature du contrat) 3 millions de francs en 1992. Il bénéficiait, de plus, d'une clause de sortie si le club descendait en deuxième division. En revanche, si le club restait en division 1, il toucherait... 250 000 francs. Burruchaga avait le même type de contrat. La prime « D1 » était cependant de 500 000 francs.

A partir de certains montants, les chiffres sont abstraits. 3 millions de francs représentent plus que ce que gagnera un ouvrier dans toute sa vie professionnelle. Ajoutons que certains contrats sont négociés impôts payés par le club et enfin que l'on tient compte uniquement des sommes déclarées en France. Plusieurs joueurs se font ainsi payer dans des paradis fiscaux.

Certes, la carrière d'un footballeur est courte, cependant chaque joueur peut espérer signer deux ou trois bons contrats de deux à quatre ans dans sa carrière. En conclusion, cette pression financière écrase toute tentative de bavardage.

Certains dirigeants, au courant de certaines pratiques — l'OM n'est pas seul dans l'affaire —, sont dans le même cas de figure, prisonniers d'un système financier. La lutte entre des grands clubs, Bordeaux, Matra Racing, Olympique de Marseille et PSG, a fait flamber d'une part les salaires des joueurs français (selon les chiffres les plus régulièrement cités, Luis Fernandez gagnait 700 000 francs par mois en 1987, Manuel Amoros 1 million de francs en 1990 à Marseille), mais surtout le montant des transferts. En vendant chaque année un joueur, l'AJ Auxerre boucle facilement son budget et dégage parfois des bénéfices. L'arrivée de Bernard Tapie a renforcé la tendance. « Il y a de vrais enjeux économiques, selon que Tapie est absent ou présent, vous le savez[3] », lance, goguenard, Bernard Tapie aux membres de la Commission nationale de discipline (CND).

En dix ans, l'AJ Auxerre a plusieurs fois battu les records de transfert en vigueur, d'abord en vendant Jean-Marc Ferreri à Bordeaux (17 millions de francs) puis Éric Cantona à Marseille (22 millions). Le FC Nantes et le FC Sochaux, qui ont la même politique de formation, sont dans une situation identique. Les meilleurs joueurs de l'OM ont été formés ou révélés à Auxerre (Cantona, Roche, Boli, Prunier, Dutuel), à Nantes (Eydelie, Desailly, Deschamps) ou à Sochaux (Sauzée). D'autres ont grossi les rangs de Bordeaux, du Matra Racing ou du PSG. Le total des transactions entre les clubs est très élevé. Personne n'a intérêt à changer les paramètres de cette belle équation, même si, dans l'absolu, cet équilibre financier ne tient souvent debout que par des moyens frauduleux, comme ce fut démontré à Bordeaux.

Les dirigeants sont obligés de faire des miracles, comme le

raconte d'ailleurs Bernard Tapie : « Il y a des combines, elles ne visent jamais à changer un résultat de match. Cela, je ne l'ai jamais vu vraiment. Le vrai problème des dirigeants, c'est d'arriver à faire 10 francs avec 5 francs en poche. Tous les clubs vivent au-dessus de leurs moyens et toute l'ingéniosité des dirigeants, c'est de faire des économies ou davantage de recettes[4]. » Et il ajoute : « L'OM a les dépenses des clubs italiens, environ 300 millions de francs, il a les recettes du football français. Moi, pour combler cette différence, je vends des joueurs, Boksic vendu 13 millions de dollars, je l'avais acheté 2, l'année précédente j'avais vendu Papin à Milan, Mozer et Waddle. Et cela ne suffit pas[5]. »

Au milieu de ces chiffres étourdissants, les arbitres ont un statut amateur et touchent 2400 francs par rencontre en division 1, auxquels il convient de retrancher les frais de déplacement et de lavage des tenues, les impôts, les retenues d'URSSAF. Ils n'ont aucun droit à l'erreur et subissent les premiers l'ambition de Bernard Tapie.

Le président de l'Olympique de Marseille a d'ailleurs déjà été suspendu de banc de touche et de vestiaire par la Commission nationale de discipline de la Ligue nationale de football (LNF) pour des « propos injurieux à l'égard des arbitres, avec menaces verbales et tentative d'intimidation[6] ».

« Une locomotive qui fume »

« Plus vite, plus haut, plus fort. » Le slogan d'un quotidien sportif a été très vite détourné par les sportifs eux-mêmes. Les cas de dopage ont été légion dans les sports individuels, athlétisme, haltérophilie, cyclisme, automobile. Depuis quelques années, les fédérations tentent de résoudre ce problème. La décision la plus spectaculaire fut le déclassement et l'exclusion du sprinter canadien Ben Johnson, surnommé « Bénoïde », pour abus de stéroïdes anabolisants. En France, la Fédération d'haltérophilie a accepté d'être reléguée dans les derniers rangs mondiaux mais impose des lois draconiennes à ses athlètes. Concernant l'automobile, après plusieurs accidents en rallye, la Fédération a interdit les épreuves de nuit pour éviter notamment que les pilotes se « chargent » et se tuent. Le dopage dans les rallyes était le plus raffiné car il fallait combiner des substances diminuant le stress (bêtabloquants) et simultanément encourager la vigilance et l'endurance (amphétamines), un cocktail explosif.

Les sports collectifs et professionnels se sont discrètement fait oublier. Jean-Pierre Papin ne déclarait-il pas lui-même qu'avant d'entrer sur la pelouse il buvait du café avec deux Guronsan, médicament licite contenant toutefois des substances qui feraient bannir sur-le-champ n'importe quel coureur à pied ou judoka? D'autres joueurs absorbaient avant les rencontres du Guronsan ou des « pastilles de sel ». Autre médicament très employé : le Captagon, une amphétamine uniquement délivrée sur ordonnance. Les cachets et gélules inscrits au tableau B circulent pourtant dans les vestiaires. Le Captagon supprime en partie la fatigue. Les effets secondaires peuvent être redoutables.

De fait, le football est l'un des sports les plus exigeants sur le plan physique, les longues courses répétées demandant une endurance spectaculaire et le jeu avec le ballon une grande vitesse de course. Une équipe ne peut pas atteindre le plus haut niveau sans une préparation physique très poussée. Il apparaît que les deux Guronsan de Jean-Pierre Papin se sont transformés en un véritable régime, à prendre par voie orale, en cachets ou en potions. Certes, les contrôles antidopage existent, mais ils sont faits après un tirage au sort qu'il est assez facile de contourner.

Le déroulement du contrôle antidopage du 15 décembre 1988, à l'issue de la rencontre Nice/Marseille (2/2), est révélateur. Bruno Germain et Eric Di Méco sont titulaires. Tous deux sortent du terrain, aux cinquante-cinquième et soixante-dix-neuvième minutes. Ils quittent rapidement le stade du Ray. Les deux joueurs ont oublié que les numéros de leurs maillots (6 et 3) ont été tirés au sort pour le contrôle antidopage. Jean-Pierre Papin (numéro 9) et Philippe Thys (2) se présentent à leur place. Michel Hidalgo et Jean-Pierre Bernès donnent immédiatement des explications étonnantes. L'un affirme qu'« ils ont été distraits et lu les numéros à l'envers », l'autre qu'« ils ont confondu avec le tirage au sort des Niçois »[7]. La justice du football tranche l'affaire de manière curieuse. Elle décide la suspension des joueurs pour quatre rencontres assortie d'une amende de 10 000 francs chacun. En appel, la suspension des joueurs est annulée, mais l'OM, jugé responsable, est condamné à payer 100 000 francs.

Toujours dans le Sud-Est, une équipe qualifiée pour un match de Coupe d'Europe organise pendant la semaine qui précède une séance quotidienne de piqûres. L'un des joueurs, un international, refuse que l'on pratique cette injection s'il ne connaît pas la nature du produit. Les dirigeants acceptent son point de vue et il continue de s'entraîner avec ses camarades. Le jour de la rencontre, il ne figure pas sur la feuille de match. Il demande des explications à son entraîneur : « Pourquoi je ne joue pas ? Parce que je n'ai pas pris vos trucs, hein ? » L'entraîneur tourne la tête. Le temps ayant fait son œuvre, beaucoup d'anciens Stéphanois de la grande époque des Verts avouent que leur euphorie n'était pas toujours naturelle.

Éric Cantona, qui a joué dans cinq clubs français, est formel : « Chaque samedi, en France, des footballeurs de “ seconde zone ” se “ chargent ” avant de pénétrer sur le terrain. On ne peut pas à la fois faire l'apologie du sport et de ce qu'une telle activité humaine peut contenir de joies et dans le même temps se piquer comme on pique les chevaux. Je préfère être mauvais. Je préfère même les sifflets pendant quelque temps plutôt que les hourras au passage d'une locomotive qui fume[8]. »

Laurent Fournier et Bruno Germain, deux anciens Marseillais qui, à l'automne 1990, viennent d'être transférés au Paris-Saint-Germain préviennent leurs nouveaux coéquipiers avant le déplacement à Marseille. Visiblement bien informés, ils confient qu'il ne faut rien accepter à boire. Les coéquipiers de Fournier et de Germain sourient. Toutefois, ils ne boivent rien, ni café ni jus d'orange. Les Parisiens seront, quelques semaines plus tard, interloqués d'apprendre la fureur des dirigeants de Rennes, dont les joueurs viennent d'affronter Marseille. Ils affirment que deux d'entre eux (l'attaquant Baltazar et le gardien Rousseau) ont bu du « jus d'orange suspect dans leur hôtel ». Au point qu'ils se sont endormis pendant le déplacement entre Marseille et Marignane et qu'au retour, à Rennes, Baltazar a été victime d'un accident de voiture.

Un mois plus tôt, le 6 novembre 1990, à l'issue de la rencontre

OM/Lech Poznan (6-1) en huitièmes de finale retour de la Coupe d'Europe des clubs champions, les dirigeants affirment que leurs joueurs ont été drogués en buvant du jus d'orange. Quelques jours après l'affaire VA/OM, Moscou se plaindra des mêmes vertus soporifiques du jus d'orange servi à Marseille.

Les dirigeants, tous les dirigeants, sont d'ailleurs très soupçonneux. Lors des rencontres de Coupe d'Europe décisives, les équipes emportent leurs boissons, y compris des dizaines de packs d'eau, leurs aliments et leur cuisinier. Pour se justifier, ils évoquent des problèmes nutritionnels. La gastronomie et la diététique ont bon dos...

Aucune preuve n'a jamais été apportée contre l'Olympique de Marseille. Il s'agit, à chaque fois, de déclarations des joueurs ou des dirigeants qui rencontrent le club phocéen. Il faudrait que chacun ait beaucoup d'imagination ou qu'ils participent tous à un vaste complot. Mais n'est-ce pas la théorie de Bernard Tapie ?

Outre le dopage, le deuxième fléau qui ternit sérieusement l'image du football est la corruption. Elle prend deux formes : la corruption de joueurs et la corruption d'arbitres. Il est étonnant de constater que Bernard Tapie lui-même ne démentait pas, en 1990, certaines affirmations : « Vous savez bien qu'il y a eu des histoires de matches bizarres sur les fins de saison ! » Et sur les arbitres : « Est-ce qu'un arbitre peut être acheté ? s'interrogeait-il à voix haute devant la Commission nationale de discipline. Je pense que ce sont des pratiques qui ne se font pas aussi directement que ce qu'on dit, mais je pense qu'il y a des arbitres dans des conditions psychologiques qui les rendent plus favorables, plus gentils »[9]. Le président de l'OM ne se sentait pas concerné par de telles pratiques.

Et pourtant, dans toutes les affaires évoquées de corruption ou de tentative de déstabilisation, le nom de l'Olympique de Marseille est cité. La Ligue nationale de football en a souvent pris acte mais n'a prononcé qu'une peine symbolique et pour tout dire ridicule. Les affaires recensées sont nombreuses.

L'énumération des tentatives de corruption connues peut paraître fastidieuse mais permet de n'avoir aucun doute sur ces pratiques.

La révélation des premières affaires intervient au mois de mai 1989, quelques jours avant que l'Olympique de Marseille n'obtienne son premier titre de champion de France avec Bernard Tapie. Les trois dernières rencontres du Championnat sont sérieusement entachées de manœuvres de déstabilisation.

— Mai 1989 : lors de la trente-sixième journée, antépénultième du Championnat, Marseille accueille au stade-vélodrome le seul club qui peut lui ravir le titre, le PSG. Les deux vedettes du club parisien sont les Yougoslaves Tomislav Ivic, l'entraîneur, et Safet Susic, le meneur de jeu. Les deux hommes ont été approchés par l'Olympique de Marseille pour signer la saison suivante dans le club phocéen, c'est du moins ce que relatent les journaux. Approche, intoxication ou déstabilisation? Marseille gagne 1 à 0. Cette victoire ne suffit pourtant pas à assurer le titre. Le match suivant, le PSG se déplace à Lens, l'OM reçoit Auxerre. A Lens, les spécialistes n'en croient pas leurs yeux. Yvon Le Roux, le stoppeur bâti comme un troisième ligne de rugby, joue avant-centre, Safet Susic est, lui, laissé sur la touche. Une tactique étonnante. Lens et Paris font nul, 0 à 0. « Dans l'entourage du club parisien, écrit *L'Équipe,* des rumeurs font état de primes touchées par les joueurs lensois pour les sensibiliser afin de tenir en échec la seule équipe capable de priver encore Marseille du titre [10]. » Marseille, vainqueur d'Auxerre 2 à 1, est sacré champion de France.

La saison 1990-1991, à l'issue de laquelle Marseille remporte son troisième titre consécutif de champion de France et dispute la finale de la Coupe d'Europe contre l'Étoile rouge de Belgrade, est très riche en événements de ce genre :

— 24 mars 1990 : avant Brest/OM, le président breton François Yvinec accuse Tapie d'avoir tenté d'approcher le Paraguayen Roberto Cabanas, le meilleur joueur de l'équipe, pour qu'il simule une blessure dès le début de la partie en échange d'une grosse somme d'argent.

— 12 mai 1990 : avant OM/Caen, Jean-François Domergue, ancien défenseur de l'Olympique de Marseille et directeur général de Caen, affirme avoir été contacté par Jean-Pierre Bernès pour qu'il fasse part à son gardien de but, Philippe Montanier, d'une offre de 500 000 francs. « J'ai plus cru à une déstabilisation qu'à une tentative de corruption [11] », dira Domergue qui confirmera ses propos à la Commission nationale de discipline. Celle-ci s'étonne toutefois aujourd'hui des sanctions prononcées et ne s'explique pas pourquoi le dossier n'a pas été transmis à la justice. En fin de saison, Philippe Montanier signe à Nantes, à la grande surprise du président nantais, Max Bouyer, qui se demande comment « le transfert de Montanier à l'OM a pu capoter [12] ».

— Octobre 1990 : le seul adversaire sérieux semble être Bordeaux, qui a terminé deuxième la saison précédente et qui se classe finalement cinquième. Philippe Vercruysse, qui joue à Marseille, appelle le stoppeur Didier Sénac, l'un de ses meilleurs amis, avec qui il a été formé à Lens. (Un mécanisme qui rappelle l'affaire VA/OM : Edydelie et Glassmann jouaient ensemble à Tours, Glassmann est stoppeur.) Vercruysse demande à Sénac de provoquer un penalty. Sénac préfère raconter l'histoire à son capitaine, Patrick Battiston. « Une plaisanterie », dira Vercruysse. « Le seul fait vrai, c'est une connerie qui se dit entre Vercruysse et Sénac [13] », expliquera Bernard Tapie.

Nous verrons après l'affaire VA/OM que d'autres rencontres ont été « bizarres », pour reprendre la terminologie *ad hoc*.

« Vous ne pouvez pas vous imaginer, expliquera Jean-Jacques Eydelie au juge Bernard Beffy, le nombre de joueurs et d'arbitres corrompus en France, c'est incroyable. Je n'ai pas de preuves mais je suis sûr de moi. Chaque fois que je regarde *Télé-Foot* le dimanche et que j'y vois un but marqué à la suite d'une maladresse, j'en arrive à me convaincre que le joueur maladroit a été acheté. En première division, en principe, il n'y a pas de joueurs maladroits [14]. »

Le Point a révélé un coup de téléphone entre Philippe Vercruysse et Rolland Courbis, entraîneur de Toulon et ami de Bernard Tapie. Courbis était à l'époque sur écoutes téléphoniques pour une tout autre affaire. Selon l'hebdomadaire, dans cet entretien « Vercruysse rapporte que Tapie a apaisé ses joueurs en termes peu équivoques. Le patron de l'OM leur aurait dit en substance qu'ils pouvaient jouer " peinards " car tout était " réglé ". Vercruysse comprend alors que deux joueurs de Sofia, le gardien de but et son arrière, avaient eu " à manger " [15] ».

Toutes ces pièces d'un dossier de plus en plus lourd ne sont pas inconnues des joueurs. Les témoignages des deux vedettes de l'équipe de France, Jean-Pierre Papin et Éric Cantona, qui ont tous deux joué à Marseille, est sans ambiguïté. Il convient de remettre en situation les deux hommes pour apprécier leurs propos. Éric Cantona, qui joue en Angleterre, est parti fâché de Marseille, fâché avec Bernard Tapie. Jean-Pierre Papin se dit « toujours ami » avec Bernard Tapie mais a perdu avec le Milan AC la finale de la Coupe d'Europe contre son ancien club. « Personne n'est dupe, déclare l'ancien attaquant de l'OM. A force de jouer avec le feu, on se brûle forcément un jour [16]. »

« Depuis quelques années, explique Cantona, mon rôle a été d'ouvrir les yeux de certains sur les méthodes employées par Tapie à l'OM. Je dis bien depuis quelques années, pas depuis deux mois. » Et, sur le football en général, il use des métaphores qu'il affectionne : « C'est comme si tu écris un bouquin. Ta maison achète le prix Médicis et ça se sait. Pour autant ton bouquin est-il nul ? Il est bon parce que ça se passe partout comme ça [17]. »

L'entraîneur de Monaco, Arsène Wenger, un moment mis en cause comme étant l'un des acteurs du vaste complot ourdi contre l'OM et ses dirigeants, n'est guère plus rassurant. A la question posée par un journaliste de *France-Football* : « Aujourd'hui seriez-vous surpris d'apprendre que deux de vos joueurs, ou anciens joueurs, ont été corrompus ? », il réfléchit longuement avant de répondre : « Non » [18].

Autre témoin, l'Espagnol Martin Vasquez, qui n'est resté que quelques semaines à Marseille. Sa halte phocéenne l'a quelque peu décontenancé : « De l'OM, dit-il, plus rien ne m'étonne, je ne suis resté que très peu de temps mais j'ai vu des choses très étranges. » Étrange...

11

Tapie à Valenciennes
(feuilleton)

Le Monde, 28 juillet 1993.

« Après tout, ce n'est qu'un jeu, ce n'est qu'un match de football. » Le président de l'Olympique de Marseille va marteler cette petite phrase encore et encore. Bernard Tapie a un énorme défaut : il commet de nombreuses erreurs par emportement, par précipitation ; et une énorme qualité : il commet rarement deux fois la même erreur. Au total, il apprend beaucoup, très vite.

Ainsi, en mai 1993, il sait comment aborder la finale de la Coupe d'Europe des clubs champions, qui doit départager les deux meilleurs clubs d'Europe, l'Olympique de Marseille et le Milan AC. Voilà quatre ans que les deux clubs dominent la compétition mais qu'ils ne s'étaient jamais rencontrés, titre en jeu.

Le président de l'Olympique de Marseille sait désormais comment préparer une rencontre sur le plan psychologique. Or, à ce niveau, sur un seul match, pour des athlètes de très grande classe, la préparation mentale est essentielle. Sauf si la différence est techniquement ou physiquement trop importante, le résultat se joue en bonne partie sur le mental, sur l'approche du match, sur la chance.

De plus, Bernard Tapie a compulsé les archives du football, notamment les conditions de la finale entre le Bayern de Munich et Saint-Étienne. Les Verts étaient arrivés très diminués à Glasgow. Lors de la rencontre du championnat de France précédant la finale, Saint-Étienne, qui jouait le titre, eut trois de ses meilleurs joueurs blessés. Un handicap insurmontable pour une équipe qui veut gagner la Coupe d'Europe.

La dernière rencontre avant la finale de la Coupe d'Europe est donc primordiale. Il faut éviter les blessures pour être dans les meilleures dispositions physiques et ne pas perdre, surtout face à une équipe médiocre. Or, en ce mois de mai 1993, le dernier match avant la finale se joue contre la modeste équipe de Valenciennes. Le piège parfait. L'équipe nordiste doit sauver sa place en première division et ne fera aucun cadeau. Et puis comment les joueurs marseillais iraient-ils battre le Milan AC et son armada de stars s'ils n'ont pas été capables cinq jours plus tôt de vaincre une formation qui sort de deuxième division ? Bref, contrairement à une certaine idée reçue, cette rencontre est décisive. L'argument de Bernard Tapie selon lequel il aurait été stupide d'acheter une équipe si modeste tombe très rapidement. « De toute façon, on les aurait battus », clament les dirigeants de l'Olympique de Marseille. Très certainement.

Et pourtant la préparation, les conditions et surtout les suites de la rencontre entre l'Union sportive Valenciennes-Anzin (USVA) et l'Olympique de Marseille vont devenir un feuilleton inédit, dont aucun scénariste n'aurait pu imaginer les acteurs, avec l'une des plus belles distributions disponibles sur le marché : Jacques Glassmann, l'ouvrier modèle, Bernard Tapie, le flamboyant milliardaire, contre le club de Jean-Louis Borloo, l'homme qui lui a tout appris dans les affaires, Jean-Jacques Eydelie, une vraie gueule à faire fondre les jeunes filles, Jean-Pierre Bernès, parfait dans le rôle du passionné, dévoué et obscur, Jorge Burruchaga, champion du monde et ami de Maradona, et Éric de Montgolfier, le procureur rusé. Aucun romancier n'aurait pu mettre en scène de tels rebondissements, aucun n'aurait osé les circonstances les plus extravagantes, les lieux les plus inédits — d'un vestiaire de football inondé de buée et qui embaume le camphre à l'un des plus beaux voiliers du monde, croisant entre Corse et Sardaigne. Le tout, par la grâce de Bernard Tapie et d'Éric de Montgolfier, en direct quasiment tous les soirs au journal de 20 heures. Les Français, qui depuis se sont lassés, ne s'étaient jamais autant régalés.

Le 21 mai, Marseille se déplace donc au stade Nungesser, plein de la foule des grands jours. A la mi-temps, tout va mal pour les nordistes, Alen Boksic, le successeur de Jean-Pierre Papin à la pointe de l'attaque marseillaise, a marqué, l'OM mène 1 à 0 et, de plus, Christophe Robert, le meilleur attaquant du club nordiste, se blesse au genou à la suite d'un tacle. Le petit attaquant, qui jouait autrefois à Nantes et Monaco, est, semble-t-il, sérieusement blessé au genou.

« Pour moi le tacle de Di Méco était agressif, appuyé mais régulier et pas brutal. Le tacle de Di Méco ne peut avoir blessé Robert au niveau du genou », affirme l'arbitre de la rencontre, M. Véniel. Le soigneur de Valenciennes avertit discrètement un dirigeant du club : « Robert, lui glisse-t-il, n'est pas blessé. » C'est aussi l'avis de Jacques Glassmann. Toutefois, rien ne prouve que Robert ait menti sur ce point.

Au retour des vestiaires, un attroupement se forme autour de l'arbitre avant que le jeu ne reprenne. Des dirigeants et joueurs des deux équipes discutent assez vivement sur le but marqué par Alen Boksic. Les Valenciennois affirment que l'attaquant marseillais s'est aidé de la main. Cette réserve figurera sur la feuille de match. Un incident apparemment classique. Le jeu peut reprendre. Valenciennes n'arrive pas à revenir à la marque et l'Olympique de Marseille remporte une victoire de bon augure avant son déplacement à Munich.

Quelques minutes après le coup de sifflet final, cette rencontre ordinaire bascule dans le fait divers. Il règne dans les vestiaires de Valenciennes un tohu-bohu inhabituel. Les locaux de l'USVA sont surpeuplés. Près de deux cents journalistes français et étrangers sont venus voir l'Olympique de Marseille. Ils n'auront pas fait le voyage pour rien. Le maire de Valenciennes, Jean-Louis Borloo, annonce que le club dont il était le président la saison précédente a déposé des réserves sur la feuille de match. Le procédé n'est pas courant mais régulier. Une équipe qui estime qu'un élément a faussé la rencontre, un mauvais éclairage, des conditions climatiques, l'attitude des supporters, demande à l'arbitre de consigner par écrit ses observations. Mais l'un des motifs invoqués par Jean-Louis Borloo est une bombe : un joueur du club affirme avoir été corrompu par l'Olympique de Marseille. Le maire de Valenciennes accuse un haut dirigeant de l'OM de « tentative de corruption ».

Les journalistes ont laissé échapper une scène. Un joueur, un seul, s'est plaint à ses dirigeants. Il a raconté à l'arbitre de la rencontre une histoire incroyable *.

Le 18, deux jours avant la rencontre, Jean-Pierre Bernès demande à Jean-Jacques Eydelie d'appeler le couple Robert à leur domicile d'Avesnes-lès-Aubert. Une dizaine de jours plus tôt, le directeur général avait déjà confié à Jean-Jacques Eydelie qu'il fallait « arranger » le match. Le joueur téléphone du bureau du kinésithérapeute du club, Jacques Bailly.

EYDELIE : J'ai un message important : il faut que vous soyez (qu'ils soient) dans ta (sa) chambre demain vers 21 heures. Un dirigeant marseillais a une proposition à vous (leur) faire [1].

Le 19, comme convenu, Jean-Jacques Eydelie, qui se trouve dans la chambre 234 du Novotel, celle de Jean-Pierre Bernès, appelle vers 21 h 10 Christophe Robert dans sa chambre de l'hôtel du Lac.

Les trois joueurs qui sont réunis dans la chambre de Christophe Robert forment l'épine dorsale de l'équipe nordiste. Ils occupent des postes stratégiques : Glassmann est stoppeur, le dernier rempart avant le gardien de but, Jorge Burruchaga meneur de jeu et Christophe Robert un attaquant talentueux et imprévisible. La méforme simultanée des trois joueurs serait fatale à leur équipe. Les Valenciennois ont des personnalités très différentes, presque opposées, des joueurs de réputation totalement inégale. Les deux plus connus n'en sont pas moins les plus aigris.

Jorge Burruchaga possède le titre envié par tous les joueurs de la

* Avertissement : les dialogues ont été reconstitués sur la base des déclarations des principaux acteurs dans les journaux ou dans les extraits de procès-verbaux déjà publiés. Ils ont été recoupés une fois au moins. Aucun de ces dialogues n'a été inventé pour faciliter le récit. Il n'a pas été fait, les concernant, d'appels de note systématiques pour éviter un alourdissement inutile. Les articles de journaux utilisés, notamment, sont les longues et riches interviews de Jacques Glassmann, Christophe Robert et Jorge Burruchaga dans *France-Football* (29 juin, 6 et 13 juillet, 24 août, 14 septembre 1993), celles de Michel Coencas dans *Le Point* (17, 24 et 31 juillet, 7 août 1993) et *La Voix du Nord* (14 septembre 1993), les extraits de procès-verbaux publiés par *Le Nouvel Observateur* (1er et 7 juillet, 9 septembre 1993) et *L'Express* (22 juillet), *L'Événement du jeudi* (25 août 1993), *Paris-Match* (8 juillet 1993), *Journal du dimanche* (4 juillet et 29 août 1993) et *Le Parisien* (27 juin 1993). Un entretien avec Yvon Le Roux, le 11 octobre 1993.

planète : il a été champion du monde avec l'Argentine, au Mexique, en 1986. Il est encore jeune et pourtant tous saluent sa maturité. Selon l'ensemble des observateurs, il est le meilleur joueur de l'équipe argentine après Maradona. Une sérieuse référence. Après son titre, il est rapidement transféré en France, à Nantes — en attendant mieux, l'Italie, comme tous les grands joueurs en rêvent et où évolue Diego Maradona. Mais Burruchaga est rarement à la hauteur de sa réputation. Pis, il se blesse, gravement. Au fil des saisons sa carrière connaît une décadence spectaculaire, au point qu'il est obligé de signer une licence amateur avec Nantes. A Valenciennes, dans ce tout petit club, il gagne bien sa vie mais il se sait fini.

Christophe Robert n'a même pas touché les étoiles. Il est passé très près, après avoir été international « espoir » et engagé par Monaco. Quand il se raconte, sa lucidité est touchante. Elle explique une partie de son comportement avec ses coéquipiers et face aux événements qui vont surgir : « Il m'a toujours manqué quelque chose pour être au zénith. J'étais un bon joueur, technique, avec un sale caractère mais doué. Il m'aura définitivement manqué quelques centimètres. Et puis je ne suis pas Cantona. Lui, je l'admire. Il a toujours dit ce qu'il pensait. Moi, je n'ai jamais osé. » Tout est dit. Comme Burruchaga, il se sent mal à Valenciennes et il n'est pas apprécié par ses coéquipiers. Il passe pour un mercenaire.

Jacques Glassmann est, lui, un joueur apprécié, laborieux, un bon élément de première division, passionné de football. Il a débuté à seize ans, lors d'une rencontre de Coupe d'Europe. « Le plus honnête des honnêtes, dit de lui Bernard Tapie, le seul qui, avec Bernès, n'ait pas changé de version. » Il ne nourrit aucune rancune concernant sa carrière car il n'a jamais eu l'espoir d'appartenir à Monaco, à l'OM, au PSG ou à Bordeaux. C'est un sans-grade, un bon ouvrier, fidèle à ses couleurs.

A l'autre bout du fil, dans la chambre 234, il y a aussi deux hommes très différents : Jean-Jacques Eydelie, un personnage contrasté, doué mais inconstant, généreux mais joueur, menteur mais lucide. « On était super-potes, raconte son ancien coéquipier

Jacques Glassmann. Je sais que c'est un menteur-né. A Tours, il racontait des conneries au coach. Il ratait des entraînements et lui sortait des excuses complètement bidon. Des trucs à dormir debout. Il savait bien que personne ne le croyait, pourtant, il a fait des trucs incroyables. » Jean-Jacques Eydelie connaît donc très bien Jacques Glassmann, mais aussi Christophe Robert. Les époux Eydelie et le couple Robert sont très liés, Jean-Jacques Eydelie est le parrain de l'un des jeunes enfants de Christophe Robert. Les deux joueurs se sont connus à Nantes, où ils jouaient sous les mêmes couleurs que Jorge Burruchaga. L'entraîneur nantais de Jean-Jacques Eydelie tient sur la personnalité de ce dernier des propos qui complètent bien ceux de Jacques Glassmann : « Jean-Jacques est un joueur-né. Il ne vit que pour le jeu, toutes les formes de jeu. C'est un gagneur, un gars charmant et en même temps imprévisible. Il passe d'un extrême à l'autre sans même s'en rendre compte. »

Jean-Pierre Bernès, qui a annoncé deux mois plus tôt à Eydelie que son contrat ne serait pas renouvelé, est un personnage obscur, dévoué, compliqué et introverti. Il ne manifeste pas bruyamment sa passion dévorante pour l'Olympique de Marseille. Il est entré au club par petite annonce, comme secrétaire administratif, un début de parcours étonnant lorsque l'on sort de l'Institut d'études politiques d'Aix-en-Provence. Il apprend tout de Claude Cuny, personnage qui a disparu de l'avant-scène du football mais qui fut au début des années quatre-vingt, à Nancy puis Marseille, une sorte de gourou, à la Guy Roux. A l'OM, Jean-Pierre Bernès a bien profité des événements, il a su se rendre indispensable à Bernard Tapie après le départ de Jean Carrieu. Il se glisse dans la faille provoquée par le désaccord entre Bernard Tapie et Michel Hidalgo. Il rend tous les services possibles à Bernard Tapie. Il est « ses yeux et ses oreilles à l'OM ». Il est au four et au moulin. A trente-six ans, il est vieux, cerné, usé, fatigué et déprimé. Raymond Goethals, qui en a vu d'autres, est admiratif : « Je ne sais pas comment il peut supporter une telle pression. Le président peut l'appeler dix fois par nuit. C'est incroyable. » Bernard Tapie laisse tomber à son sujet une phrase à double tranchant : « Je ne suis pas sûr qu'il ne soit pas capable de rendre service ou de faire plaisir. »

A-t-il voulu « faire plaisir » ? Vers 21 h 10 — un relevé téléphonique l'attestera —, un coup de fil est passé de sa chambre à l'hôtel du Lac où les Valenciennois sont « au vert ». Christophe Robert décroche. La discussion est rapide, puis l'attaquant valenciennois passe l'appareil à Jacques Glassmann. Le stoppeur de l'équipe nordiste est abasourdi :

GLASSMANN : Tu te rends compte de ce que tu me demandes ?

EYDELIE : Bon, je te passe Bernès.

BERNÈS : Alors vous voulez nous aider, oui ou non ?

GLASSMANN : Mais nous aussi, on a un club à sauver.

BERNÈS : Ouais, fallait le sauver avant, prendre des points avant. Demain vous avez quoi ? Une chance sur dix de gagner ? Alors tu préfères perdre avec vingt boulettes ou avec zéro ? après tout, tu fais ce que tu veux. En plus, à Martigues, ça va être sous le contrôle de Marseille. On peut envisager des choses.

Dans la chambre 234, Bernès fait une grimace. Il a bien senti qu'il n'a pas convaincu Jacques Glassmann, qui lui passe Jorge Burruchaga, lequel est tout aussi méfiant, pour d'autres raisons.

BURRUCHAGA : Vous m'appelez pour ça et, en 1988, vous ne m'avez même pas remercié de vous avoir donné le numéro de téléphone du manager de Maradona.

BERNÈS : T'es pas fâché à cause de cette vieille affaire. [...] Écoute, demain lève le pied, laisse l'OM gagner. Tapie t'en voudra à mort si tu ne le fais pas.

Burruchaga repasse alors le combiné à Christophe Robert. Les deux interlocuteurs mettent très rapidement au point les dernières modalités :

ROBERT : OK, on fait comme ça.

L'attaquant valenciennois appelle sa femme pour lui expliquer la marche à suivre.

MARIE-CHRISTINE ROBERT : Putain, mais qu'est-ce qui vous prend ?

CHRISTOPHE ROBERT : Bon, fais ce que tu veux !

Dans la chambre de Christophe Robert, l'ambiance est un peu tendue. Jorge Burruchaga et Christophe Robert ont, comme Jean-Pierre Bernès, compris que Jacques Glassmann était réticent.

BURRUCHAGA : Surtout, tu ne dis rien, on ne prévient pas les gonzesses, on joue ce match tranquillos. On joue le match plus ou moins à fond, après on verra.

Marie-Christine Robert, elle, prend contact comme prévu avec Jean-Jacques Eydelie. Elle sera sur le parking du Novotel dans vingt, vingt-cinq minutes. Le joueur marseillais passe dans la chambre du directeur général de l'OM et quelques minutes plus tard remet à Marie-Christine une enveloppe marron, usagée et assez épaisse. Marie-Christine ne semble pas très à l'aise. Il tente de la rassurer : « Tu sais, ce n'est pas la première fois qu'une telle chose se passe, ni la dernière. Les arbitres sont les premiers à toucher. »

Dans la chambre des Valenciennois, Christophe Robert paraît ébranlé. Il rappelle son ami Jean-Jacques Eydelie :

ROBERT : On arrête tout, on va vous rendre le pognon et on jouera normalement.

EYDELIE : Eh bien, jouez à fond, ce n'est pas grave.

Jacques Glassmann ne veut pas y croire. Il ne sait plus comment réagir. Cette affaire tombe mal. Son beau-frère, qui n'aime pas le foot, vient le samedi à Nungesser. Il ne faudrait pas qu'il voie un match truqué. Il appelle sa compagne, qui lui conseille de tout dire. Jacques Glassmann est surtout troublé par le comportement de ses deux coéquipiers, qui, eux, n'ont pas l'air affecté.

Le lendemain après-midi, il ressasse sans arrêt les propositions de Marseille : « On est des salariés du club de Valenciennes, tout de même. Ça m'a dégoûté. C'était clair, net et précis, c'était 200 000 francs par joueur. » Il descend au rez-de-chaussée de l'hôtel du Lac pour la collation. Primorac, son entraîneur, est à quelques mètres. Il s'approche, se retourne, revient. Il réfléchit : « Ils nous prennent tous pour des cons, eux, ce sont les riches, nous les pauvres, et on est à leurs ordres. Moi, je ne marche pas dans cette combine. » Il aborde enfin Primorac et balance tout.

C'est au tour de Boro Primorac de s'interroger. Le président de Valenciennes doit arriver quelques minutes plus tard. L'entraîneur décide d'aller l'attendre sur le parking.

PRIMORAC : Les joueurs de Marseille ont contacté Glassmann, ainsi que Robert et Burruchaga, pour qu'ils lèvent le pied. Mais Glassmann a peur, il ne veut pas qu'on dise que l'info vient de lui.

COENCAS : C'est pas possible, une histoire pareille. Tu plaisantes !

PRIMORAC : Non, non, Glassmann a l'air sûr de lui.

Michel Coencas décide de monter dans les chambres avec Jean-Pierre Tempet. Les réponses de Christophe Robert et Jorge Burruchaga sont très différentes de la version de Jacques Glassmann. Tous deux jurent sur la tête de leurs enfants qu'ils disent la vérité.

CHRISTOPHE ROBERT : Écoutez, vous n'y connaissez rien, au foot. Tout ça, c'est des conneries, des rumeurs, comme avant chaque match.

COENCAS : J'espère que tu dis la vérité. Si j'étais à la place d'un de tes petits camarades trahis, je te foutrais un coup de fusil dans les jambes.

ROBERT : Je vous jure, président... Sur la tête de mes enfants. »

Le président de Valenciennes va également voir Jorge Burruchaga.

BURRUCHAGA : Moi qui ai été champion du monde, je serais complètement grillé si je tombais dans des pièges pareils. C'est des conneries pour déséquilibrer le football.

Les joueurs sont à quelques heures du match et les dirigeants valenciennois dubitatifs. Dès son arrivée au stade Nungesser, Michel Coencas attaque Jean-Pierre Bernès de front :

COENCAS : J'ai entendu dire que tes joueurs avaient appelé les miens.

BERNÈS : Stop, j'appelle Tapie.

Quelques minutes plus tard :

COENCAS : Il paraît...

TAPIE : T'es malade. D'abord, t'es qui, toi ? Borloo, il est où ?

Le maire de Valenciennes, administrateur du club et ancien président, finit par arriver. Tout ce petit monde s'installe dans une pièce qui sert de bureau aux administratifs. La présence de Jean-Louis Borloo a un peu calmé Tapie. Il appelle sa femme, boit une gorgée de whisky au goulot.

TAPIE : L'OM est déjà champion de France, qu'on gagne ou

qu'on perde. Vous me croyez pas assez con pour donner du pognon ? Ce que je ne veux pas, c'est qu'on casse mes joueurs.

Sur la pelouse, les joueurs s'échauffent. Glassmann, seul derrière les buts, rumine cette histoire. De loin, il voit Burruchaga et Robert, qui lui paraissent joyeux et rigolards. « Comment peuvent-ils... » Jean-Jacques Eydelie est, lui, en train de s'étirer en discutant avec Bernard Tapie. Il est le seul joueur de l'Olympique de Marseille à converser avec le président qui a un air dur et froid, comme c'est le cas avant les rencontres décisives. Tapie sait qu'il ne faut pas perdre.

Fatigué, miné, Jacques Glassmann se bat comme un beau diable mais joue très mal. Christophe Robert sort. Jacques Glassmann est fou de rage. Dix minutes plus tard, il commet une nouvelle erreur de défense. Boksic est à l'affût. Il en profite pour inscrire un premier but. Tout s'effondre. « On va croire que... », se dit Glassmann. Dans les vestiaires, il entre dans une fureur incroyable. Il s'en prend violemment à Christophe Robert devant joueurs et dirigeants, complètement effarés.

Sur le terrain, les joueurs de Valenciennes ne peuvent rien contre cette superbe équipe entraînée par « Raymond la Science », septuagénaire de génie, dingue de football, fou de beau jeu et amoureux de la victoire. Malheureusement, ce personnage haut en couleur a aussi été impliqué en 1982 dans le scandale du Standard de Liège. Il a été condamné par un tribunal et radié par la Fédération belge de football. Il avait notamment proposé à ses joueurs d'offrir leur prime de match à leurs adversaires.

A la fin du match, les principaux protagonistes de la rencontre VA/OM se retrouvent dans le bureau de l'arbitre : Bernard Tapie, Michel Coencas, Jean-Louis Borloo, un autre dirigeant valenciennois, Jean-Claude Leffy, et le capitaine marseillais.

L'ARBITRE : Vous maintenez vos réserves ?

COENCAS (hésitant) : Il s'est passé des choses troublantes avant et pendant le match.

TAPIE (cinglant) : Qui a dit ça ?

COENCAS : Glassmann.

TAPIE : Je veux le voir.

Le joueur valenciennois commence à raconter sa version des faits :

GLASSMANN : ... Et puis il m'a passé Bernès...

TAPIE : Tu connais Bernès ?

GLASSMANN : Non...

TAPIE : Tu as déjà parlé avec Bernès ?...

GLASSMANN : Non, mais il s'est présenté.

TAPIE : C'est des conneries...

Il s'adresse à Michel Coencas :

TAPIE : C'est des conneries, tout ça, retire tes réserves tout de suite.

La situation devient très chaude pour le président valenciennois. Il sort du bureau de l'arbitre et consulte le maire de Valenciennes :

BORLOO : Ne retire pas tes réserves.

TAPIE (à Jean-Louis Borloo) : Salaud ! Tu me paieras très cher ce que tu es en train de faire, jusqu'à la fin de tes jours.

Le visage de Tapie se rembrunit, il plisse les yeux, se mord la lèvre et dégage une impression de puissance considérable.

Il s'adresse quelques instants plus tard à l'autre dirigeant, Jean-Claude Leffy. Les deux hommes sont sur le point de se battre dans les vestiaires.

TAPIE : Si vous ne retirez pas vos réserves...

LEFFY : De toute façon t'es qu'un voyou...

TAPIE : Je suis un voyou, tu dis que j'ai acheté tes joueurs, hein ! Eh bien, moi, je vais dire que tu as voulu faire match nul.

LEFFY : Ordure, tu oses me dire ça, toi qui as pourri le foot.

Le président de l'Olympique de Marseille finit par se contrôler et tourne les talons pour rejoindre ses joueurs. En partant, il salue les photographes qui transmettent leurs photos, dans une pièce voisine.

TAPIE : Tout va bien, les gars ?

Et quand Bernard Tapie est gentil avec les journalistes, il se passe des événements anormaux...

Après la rencontre, l'affaire met finalement beaucoup de temps à émerger. Les Valenciennois sont très prudents. S'ils bougent les premiers, si Marseille perd la Coupe d'Europe, l'opinion publique se retournera contre eux. Et puis, si Marseille prépare la Coupe d'Europe, Valenciennes tente de se concentrer sur les deux dernières rencontres pour rester en première division. Une mission impossible car l'ambiance au sein de l'équipe, qui n'était pas excellente lors de la saison, est devenue franchement exécrable. Christophe Robert est plâtré et Burruchaga est exclu par ses coéquipiers. Le joueur argentin nie les faits, tous les faits. Il menace même de porter plainte contre Jacques Glassmann pour diffamation. Les joueurs, eux, n'ont pas oublié la colère de Jacques Glassmann, qui ne pouvait pas être feinte.

Jorge Burruchaga et Christophe Robert ont appelé Bernard Tapie chez lui. Le président de l'Olympique de Marseille les a invités à se taire. Du coup, la parole de Jacques Glassmann ne vaut pas lourd face à des Marseillais qui traitent le problème avec dérision et ironie : « Si c'est un joueur qui a remis cette somme, c'est sans doute qu'il y a, à Marseille, des joueurs qui ont de l'argent à perdre », ironise Bernard Tapie, qui sait aussi être hyper-réaliste : « Les joueurs de l'OM sont pour la plupart ceux qui constituent l'équipe de France ou sont internationaux dans leur pays. Ils n'ont pas besoin de corrompre leurs adversaires pour gagner leurs matches. »

La victoire de l'Olympique de Marseille contre le Milan AC n'a fait que renforcer les prises de position hautaines. A ce moment, Bernard Tapie croit son club intouchable. Il sait faire vibrer la corde sensible des Français et des médias. Ils n'oseront pas. Un événement a pourtant alerté Bernard Tapie le soir de la victoire : le comportement de Jean-Pierre Bernès.

Le directeur général a longtemps embrassé la Coupe d'Europe des clubs champions. Puis il a regagné le vestiaire de son équipe et a craqué. Devant les joueurs, le bras droit de Bernard Tapie éclate en sanglots. Bernard Tapie le prend par l'épaule et, accompagné du vice-président du club, Jean-Louis Levreau, s'enferme quelques minutes dans les douches avec lui.

Les doutes et angoisses de Jean-Pierre Bernès n'ont pas échappé aux dirigeants du football français, qui avaient laissé l'OM disputer cette finale en paix pour ne pas, eux aussi, être traînés dans la boue sur la place publique par un Bernard Tapie dont le comportement aurait pu être terrible en cas de défaite. La Ligue nationale de football, qui organise les championnats professionnels, se met au travail dès le lendemain de la finale, dans l'ombre, alors que tous les journaux saluent le triomphe des coéquipiers de Basile Boli.

Les dirigeants de la Ligue mesurent rapidement l'ampleur du dossier car, devant les deux commissaires chargés d'établir un rapport, les joueurs valenciennois Glassmann et Robert sont prolixes. Surpris ? Pas vraiment. D'autres procès-verbaux de la Commission nationale de discipline étaient suffisamment explicites. Les dirigeants ont compris qu'ils ne pourraient pas, selon le propre aveu de Jean Fournet-Fayard, président de la FFF, lutter contre la puissance de feu d'un Bernard Tapie triomphant.

La Ligue nationale de football porte plainte. Cette décision est perçue comme un acte de lâcheté. Le milieu du football ne fait pas plus confiance à la justice qu'à la Ligue. Mais, alors que la Ligue n'a pas encore officiellement déposé plainte, un énorme verrou saute. Jorge Burruchaga, qui faisait office de caution en or massif pour les Marseillais, se confie à l'hebdomadaire *France-Football* et avoue : « C'est vrai, j'ai menti. J'ai simplement voulu éviter un scandale encore plus grand à quelques jours de la finale de la Coupe d'Europe. De toute façon, ce genre d'affaires n'aboutit jamais. Après le coup de fil, Glassmann, Robert et moi, nous nous étions mis d'accord pour ne pas en parler. On estimait que cela n'aurait servi à rien. Ma première réaction a été de démentir. J'ai eu tort. »

Bernard Tapie maintient, lui, qu'il « n'y croi[t] pas ». Il feint de ne pas s'émouvoir des événements qui se bousculent et de l'instruction qui semble progresser à pas de géant. Il commence cependant à placer certaines pièces de défense dans le jeu : « 250 000 francs, c'est impossible de les trouver à l'OM sans que cela se voie. C'est impossible à cause d'un contrôle de gestion très contraignant », ou affirme que « pas un franc ne peut sortir de la caisse sans que quatre personnes soient au courant ».

Bernard Tapie a choisi de se battre, d'assurer « perso » la défense de l'OM, de répondre point par point, de lutter seul, à la baïonnette, adversaire par adversaire. Il ne prend aucune distance, ne fait pas confiance à ses troupes et, en capitaine courageux, va lui-même au feu. Il montre une nouvelle fois un tempérament hors du commun. Il est chevaleresque et omniprésent, énergique et roublard. Il n'a mesuré ni l'étendue du champ de bataille ni la qualité de certains adversaires *.

* Pour éviter d'alourdir le récit, une chronologie extrêmement fournie des affaires VA/OM et Primorac-Tapie-Mellick est donnée en annexes. L'intégralité des procédures, des sanctions et des principales déclarations est regroupée dans cette chronologie.

12

Tapie marque contre son camp

L'Équipe, 9 juillet 1993.

Quel que soit l'épilogue de l'affaire du match Valenciennes/Marseille, Bernard Tapie est apparu changé, moins instinctif, manquant de lucidité, de recul. Mauvais placement, erreurs techniques, fatigue physique. Très mal conseillé, il n'a pas été meilleur que Jacques Glassmann le jour de la rencontre VA/OM. Tout au long de ce feuilleton de l'été 1993, il a commis gaffe sur gaffe, s'embourbant en permanence. Le personnage est connu : capable de démarrages tonitruants, de jaillissements spectaculaires, il ne tient ces sprints foudroyants que sur de très faibles distances et n'a aucune stratégie de course. Ou, pour être plus exact, Bernard Tapie a une stratégie : il est persuadé qu'en menant une série de sprints successifs, sans se ménager, sans s'économiser, il finira tout de même par franchir la ligne en tête. Mais, pour peu qu'on lui résiste sur les premiers mètres, il est vite battu. Dans cette affaire, plusieurs personnes l'ont pris à sa propre course, ce qui l'a, plusieurs fois, poussé à l'erreur.

Le président de l'Olympique de Marseille s'est surtout battu lui-même en réagissant toujours trop vite, avec précipitation, sans écouter des conseils plus avisés. Sa première erreur, la plus terrible, vraisemblablement fatale, est de s'être projeté sur le devant de la scène. « M. Tapie s'est impliqué de lui-même dans cette affaire sans que le juge ni moi-même le fassions », expliquera le procureur.

Au début de l'affaire, Bernard Tapie a été fidèle à ses habitudes. Dès que la moindre information était sur le point d'être publiée, le député décrochait lui-même son téléphone pour appeler « perso » le journaliste et lui assener sa version des faits, sa vérité. « Dos au mur, confie l'un de ses anciens conseillers, il a retrouvé sa culture de rue. »

Déjà très habitué à passer de longues heures par jour au téléphone, Bernard Tapie a cette fois-ci battu des records, en étant la quasi-totalité de l'été au bout du fil. Seul un hasard malheureux — son téléphone satellite tombé en panne — l'a privé d'intervenir en direct dans un journal de TF1.

Pour convaincre, le président de l'OM se dépense, il crie, s'insurge, débat, amadoue, confie, échange des tuyaux. Bref, Tapie est Tapie. Dans cet exercice, il est inimitable. Il devance l'information, la distille, incite ses amis à appeler quelques journalistes sûrs, qu'il a pris soin de prévenir. La meilleure défense est l'attaque.

Cette vieille habitude du contact direct avec le journaliste, de l'étalage systématique, de l'intoxication du public, qui n'y comprend plus rien et finit par se demander s'il n'y pas de l'acharnement contre ce valeureux vainqueur de la Coupe d'Europe, va buter sur un obstacle inattendu.

Bernard Tapie commet une faute inhabituelle, étonnante et grossière. Lui qui sent les gens, les renifle et les palpe, se méprend totalement sur le personnage clé de l'affaire. Lui qui a berné des dizaines de chefs d'entreprise, manipulé autant de journalistes, séduit François Mitterrand, mis KO, en direct, Jean-Marie Le Pen, se retrouve plusieurs fois sonné par le procureur Éric de Montgolfier, un adversaire qui ose le défier sur un terrain où plus personne ne voulait l'affronter, où tout le monde le croyait imbattable.

Bernard Tapie a des raisonnements simples, parfois simplistes, et des façons d'agir vives, parfois excessives. Bien renseigné, le président de l'Olympique de Marseille a appris qu'Éric de Montgolfier est un ami de Franck Terrier. Franck Terrier est un magistrat qui, lorsque Bernard Tapie était ministre de la Ville et Michel Vauzelle ministre de la Justice, était, lui, directeur des Affaires criminelles et des Grâces. Enfreignant toutes les traditions et règles de la République, Bernard Tapie et Michel Vauzelle avaient convoqué Franck Terrier dans le bureau du ministre de la Ville pour aider ce dernier à se sortir d'un différend personnel avec Georges Tranchant, affaire qui vaudra une inculpation à Bernard Tapie — conclue au *finish* par un non-lieu — et sa démission du gouvernement — qu'il finira par réintégrer. L'affaire Terrier avait suscité un tollé chez les magistrats. Et l'un des premiers à dire à

Franck Terrier qu'il n'avait pas à se rendre chez Bernard Tapie fut Éric de Montgolfier.

Bernard Tapie est certain qu'Éric de Montgolfier est un ami de Franck Terrier et qu'il pourra donc s'arranger avec le procureur de Valenciennes. Le président de l'Olympique de Marseille, quelques jours après le dépôt de plainte de la Ligue, demande à son avocat valenciennois de prendre rendez-vous avec le procureur. Bernard Tapie ignore que cet avocat a le don d'exaspérer Éric de Montgolfier.

En effet, alors que Bernard Tapie entre dans son bureau, le procureur est déjà terriblement énervé par le coup de fil de son ami Terrier. Agacé, mais très sûr de lui. Car, si la journée du 17 juin est devenue célèbre, celle du 23 est une date clé dans le déclenchement des mécanismes juridiques et psychologiques. Ce jour-là, le procureur a eu une autre visite, plus tôt dans l'après-midi : l'ex-entraîneur de Valenciennes, Boro Primorac, est venu voir le juge Bernard Beffy pour lui rapporter ses étranges rencontres du fameux 17 juin. Ne pouvant pas l'entendre pour un point de droit, le juge Beffy conduit Primorac de l'autre côté du palier, au bout du couloir, la dernière porte à gauche, qui ouvre sur le bureau d'Éric de Montgolfier. Primorac raconte son curieux repas au Fouquet's, puis l'entrevue avec Bernard Tapie.

Éric de Montgolfier a, en outre, appris auprès de la police judiciaire que de l'argent avait été retrouvé dans le jardin de la tante de Christophe Robert. Les cartes de cette rencontre au sommet sont biaisées. Et Bernard Tapie, de coutume si prompt et si fin à s'imprégner des situations et des hommes, est piégé. Il se trouve dans une position inconfortable. L'aménagement du bureau du procureur y a beaucoup contribué. Les deux fauteuils réservés aux invités sont placés comme en contrebas du bureau. Les visiteurs sont forcément éblouis par la lampe de bureau, dont l'abat-jour ne protège que son propriétaire. Le procureur reste assis, haut et droit, en position dominante.

Le président de l'OM sort le grand jeu, explications du monde du football, charme, connaissances communes, menaces voilées. Certain de sa force et non sans quelque jouissance, le procureur l'écoute. Tapie sent très vite qu'il ne parviendra pas à le convaincre. Il se lève pour s'extraire du piège, arpente le bureau de long en large, tourne en rond, ne veut pas se rasseoir dans cette chauffeuse coupe-gorge. Il monologue et met la pression. En vain. Il sort dépité, certain d'avoir perdu la rencontre, et lâche avant de partir : « Je vois que je ne vous ai pas convaincu. » Rarement Tapie n'a ainsi été pris au dépourvu.

Il s'est aussi montré trop agressif : « Même vous, dans la justice, vous ne devez pas toujours suivre le Code à la lettre. Il y a les textes et puis... » Maladroitement, il en rajoute : « De mon côté, monsieur le procureur, je fais mon enquête. Je rencontre des tas de gens pour cela. »

Le procureur est franchement contrarié : « C'est un homme d'influence. J'ai beaucoup d'admiration pour les hommes d'influence... quand ils savent l'utiliser et la contrôler à bon escient. Je crois commencer à comprendre que ce n'est pas toujours son objectif [...]. C'est finalement le droit de chacun de prendre l'autre pour un imbécile [...]. Il a essayé de me le faire au charme et à l'influence. Je ne comprenais pas à quoi il voulait en venir. Il m'aurait proposé une valise de billets, cela eût été plus clair. »

Le procureur — bien qu'il en rajoute toujours un peu — a pourtant honte de la justice. Car si Bernard Tapie a pris la peine de venir le voir, il comprend que ce genre de méthodes a dû jadis porter ses fruits : « M. Bernard Tapie a été ministre de la République, j'en suis le procureur. Je pensais qu'il y avait un point sur lequel on pouvait s'entendre : le respect des institutions. Je ne suis pas convaincu que nous ayons la même vision des choses. Si le président de l'OM ne savait rien, il a eu tort de se mettre sur le devant de l'affaire. Il se comporte comme s'il savait. »

Ce qui n'a jamais été dit jusqu'à présent, c'est que Jacques Mellick a tenté la même démarche auprès du procureur de la République de Béthune. A la manière de Tapie, le député-maire adjoint de Béthune est allé détailler tous les intérêts en jeu. Les procureurs n'aiment pas ces initiatives. Outre les tentatives de pression, ils ont l'impression désagréable d'être pris pour des gens peu intelligents, incapables de se rendre compte eux-mêmes des enjeux.

Éric de Montgolfier a mieux mesuré à quel point la justice est parfois sous le boisseau. Il ne laissera donc pas faire. A partir du

23 juin 1993, le procureur, déjà réputé tatillon, intègre et incontrôlable, va se sentir investi d'une mission dépassant de loin ses attributions : sauver la réputation de la justice et restaurer une certaine morale. Bernard Tapie ne pouvait pas tomber plus mal.

Au lieu de laisser sa mise sur la table et d'accepter la défaite, il va aggraver son cas en tentant d'exercer une pression plus forte encore par médias interposés. Il s'imagine sans rival dans ce domaine et tout le monde lui accorde ce crédit. Dans cet exercice, le président de l'OM commet trois maladresses : faire durer l'affaire sur le plan médiatique, répondre au coup par coup au procureur alors qu'il n'a pas tous les éléments d'information en main et donner des pistes à l'accusation. Les échanges Tapie-Montgolfier vont faire les délices des médias et de la France entière. Au-delà de tous les problèmes posés par ce genre de débats, qui ne devraient pas être publics, les dialogues sont succulents. Voici quelques morceaux choisis :

TAPIE : Je trouve bizarre que, depuis le début, cette affaire soit traitée uniquement là-bas, à Valenciennes.

MONTGOLFIER : Dans les affaires de cette nature, dès qu'il y a des résultats, il se trouve toujours quelqu'un pour évoquer un dessaisissement.

MONTGOLFIER : Ce serait une pauvre justice que celle qui s'arrêterait au corrompu sans aller jusqu'à ceux qui corrompent.

TAPIE : J'attends de l'autorité de tutelle qu'elle réagisse et dise si elle trouve logique que le procureur tienne des conférences de presse quotidiennes. Ce n'est pas à moi de le critiquer mais, si je pense que cela dépasse le cadre de la sérénité nécessaire, je réagirai publiquement.

MONTGOLFIER : On est passé à un autre braquet. Des protagonistes de cette affaire qui se sont eux-mêmes mis en avant se sentent maintenant le dos au mur. Tout signe d'affolement est bon pour la justice. Je répondrai point par point à tout ce qui est dit dès lors qu'il s'agit d'une entrave au fonctionnement de la justice.

Mais l'échange le plus savoureux est incontestablement l'affaire du restaurant que lance Bernard Tapie dans *Paris-Match* :

TAPIE : Vous êtes assis ? Alors écoutez : Robert et sa femme ont reconnu avoit téléphoné à leur ami Jean-Jacques Eydelie, un mois avant le match, pour lui demander s'il pouvait leur prêter 200 000 francs pour acheter un restaurant.

MONTGOLFIER : Je ne savais pas que planter 250 000 francs au fond d'un jardin faisait pousser un restaurant.

Le ministre de la Justice et garde des Sceaux, Pierre Méhaignerie, sera obligé d'arbitrer la rencontre. Il demandera au procureur de revenir à un « mode de communication plus habituel avec la presse » pour l'inciter à un peu plus de réserve et portera plainte « pour diffamation » contre Bernard Tapie après des déclarations excessives du président de l'Olympique de Marseille contre les magistrats.

Bernard Tapie comprend au bout de quelques jours seulement que le combat est inégal. Le procureur a souvent un coup d'avance. Or Tapie ne prend connaissance de l'instruction que par l'intermédiaire des journalistes, les informations qu'il possède sont parcellaires et souvent déformées.

Il change donc de tactique au bénéfice d'une qui lui est familière : certes, les pratiques de l'OM sont douteuses, voire illégales, mais ce sont les mêmes partout. Bref, il s'agit de mouiller le plus de monde possible dans l'affaire, d'allumer plusieurs foyers et de détourner les regards de l'incendie principal.

Bernard Tapie allume des mèches dans toutes les directions, donnant des informations plausibles et suffisamment détaillées pour que chacun se reconnaisse. Autre tactique : le bon sens. « Vous pouvez me croire voyou mais pas stupide. » Ou : « Quand je mets un cameraman sur le toit de ma voiture, je ne suis pas plus con que vous, je sais ce que ça va faire ! Mais je m'en fous. »

Il accuse, crie au complot ourdi par, au choix, les journalistes, les hommes politiques, les policiers ou les magistrats. Il porte des accusations graves, déstabilise, menace, emploie des mots énormes, parle de l'Inquisition, de la Gestapo, de dictature, de suicide, pour dénoncer tel ou tel, coupable selon lui d'acharnement. Il évoque une « chasse à courre ». « On veut tuer Tapie », assure-t-il.

Mais, peut-être trop habitués désormais au personnage, les

journalistes continuent de travailler, les policiers ne sont nullement impressionnés et les hommes politiques, de gauche ou de droite, ne répondent pas à la provocation pour éviter de déclencher une affaire d'État. Encore une fois, le président de l'OM a choisi de tout porter sur la place publique, d'occuper le rôle principal de la distribution. A l'évidence, si Bernard Tapie s'était montré discret, l'affaire VA/OM ne serait plus pour lui qu'une péripétie.

13

Tapie tombe dans les pièges de juillet

Libération, 13 octobre 1993.

La journée du 17 juin 1993 est devenue célèbre. Seul l'après-midi est passionnant, plus particulièrement une toute petite demi-heure, le temps de deux prolongations de Coupe d'Europe jouées à partir de 15 heures au 24 de l'avenue de Friedland. Si cette journée a fait la une de l'actualité pendant des semaines, enrichissant de multiples épisodes, et souvent les plus drôles, le feuilleton VA/OM, elle le doit à deux autres dates, les 6 et 28 juillet. Ces jours-là, Bernard Tapie et Jacques Mellick, qui ont perdu leurs agendas du mois de juin, ont commis deux énormes gaffes, donnant tout son sel à un dossier annexe, dit de subornation de témoin.

Les faits sont révélés par *Le Journal du dimanche* (*JDD*) au début du mois de juillet. L'hebdomadaire raconte une étrange visite de l'ancien entraîneur de Valenciennes, l'ex-Yougoslave Boro Primorac, un colosse qui écorche le français à chaque mot après avoir passé plusieurs années dans l'Hexagone comme joueur, puis comme entraîneur.

Grâce à l'intermédiaire d'un plagiste cannois, Primorac affirme avoir été contacté par un certain « M. Noël ». Celui-ci lui fait miroiter un poste d'entraîneur du côté de Bastia. Ils se donnent rendez-vous à Paris. M. Noël invite l'entraîneur de Valenciennes à la table du Fouquet's, le prestigieux restaurant de la capitale. Un mystérieux troisième homme, qui a excité tous les fantasmes, participe également au déjeuner.

M. Noël propose à Boro Primorac d'aller téléphoner pour savoir quel est l'avis rendu par la Ligue nationale de football sur l'avenir du club bastiais, confronté à des problèmes financiers. Jusque-là, les deux hommes sont d'accord. Leurs témoignages commencent ensuite à diverger. M. Noël, dont l'identité est étonnamment révélée au juge par Bernard Tapie lui-même, affirme qu'ils sont allés boire un café chez lui, rue de Ponthieu. André-Noël Filippeddu ne variera plus d'un iota dans ses déclarations et, lorsqu'ils le voient arriver, les hommes de la police judiciaire comprennent qu'ils n'obtiendront aucune confidence de ce petit homme au visage émacié, au regard insondable. En Corse, la tradition est de se taire.

André-Noël Filippeddu est, avec le joueur bordelais Marcel Dib, propriétaire d'un restaurant à Bonifacio. Dib est un ancien joueur de Monaco, formé à Toulon, un homme de la « bande à Courbis », avec Bernard Pardo et Bernard Casoni. Selon l'AFP, le frère d'André-Noël, Jules, est bien plus connu, non pas du monde du football, mais des services de police et de la mafia du vidéo-poker au Brésil.

Selon l'ancien entraîneur de Valenciennes, à la sortie du Fouquet's, les trois hommes s'engouffrent dans un immeuble près de l'Étoile. M. Noël lui explique qu'ils vont chez « son patron, son associé, je n'ai pas très bien compris », avoue le coach. Dans l'entrée, Boro Primorac remarque une caméra de vidéo-surveillance. Il monte deux étages, une petite caméra est également fixée à côté de la porte. Ces deux caméras, très ordinaires dans les immeubles de bureaux à Paris, finiront par inquiéter Primorac, qui a peur d'avoir été piégé et filmé : « Tapie pouvait inventer une histoire contre moi. » C'est pour cette raison qu'il va raconter son aventure à la justice.

Boro Primorac est rapidement introduit dans un vaste bureau dont les fenêtres donnent sur l'avenue de Friedland. Nous sommes au 24, dans les locaux de BTF, plus précisément dans le bureau de Bernard Tapie.

La première relation écrite de cet entretien est assez floue. Bernard Tapie aurait conseillé à Boro Primorac de faire confiance à André-Noël Filippeddu, lequel aurait demandé à l'ex-entraîneur de Valenciennes de « porter le chapeau » dans l'affaire VA/OM, qui n'a pas encore pris sa dimension estivale — on découvrira les 250 000 francs six jours plus tard.

« Porter le chapeau » : l'expression est vague. Et quel chapeau ? En fait, on l'apprendra plus tard, la demande de Bernard Tapie est plus claire : « Il m'a proposé de dire que j'avais reçu un coup de fil de Jean-Pierre Bernès la veille du match, le soir, alors que j'étais dans le hall de l'hôtel [hôtel du Lac de Vieux-Condé]. Je devais dire que les gens de la réception m'avaient passé la communication dans la cabine. Et que, quand j'avais décroché, j'avais juste entendu : " Allô, ici c'est Jean-Pierre ", et que j'avais raccroché aussitôt [...]. Ils ont discuté tous les deux, ils parlaient de me donner 300 000 ou 500 000 francs. »

Une des principales pièces matérielles du dossier est en effet le relevé téléphonique de l'hôtel Novotel de Valenciennes, où était logée l'équipe marseillaise. Les enquêteurs ont donc la preuve formelle des coups de fil passés par Jean-Pierre Bernès et les numéros des correspondants appelés. Ce relevé indique bien qu'un coup de téléphone a été passé à l'hôtel du Lac, à Vieux-Condé. Personne n'a connaissance d'une pièce matérielle établissant la direction vers laquelle la communication a été aiguillée. Il suffit donc de trouver une personne qui aurait reçu, ce soir-là, vers 21 h 10, le coup de téléphone de Jean-Pierre Bernès pour disculper le directeur général de l'OM.

En ce 17 juin et les jours précédents, la seule obsession de Bernard Tapie est en effet de trouver un interlocuteur à Jean-Pierre Bernès. Il est persuadé que l'affaire s'éteindra très vite s'il y parvient. On peut d'ailleurs révéler que Bernard Tapie a demandé ce genre de service à d'autres personnes, à d'autres « Valenciennois ». Il ne leur a en revanche proposé aucune contrepartie, ce qui lui évite toute accusation de subornation de témoin. Un simple service entre amis. Cette volonté de trouver un interlocuteur à l'hôtel du Lac accréditerait d'autre part la thèse avancée par Jorge Burruchaga. Le joueur affirme que, lui aussi, alors qu'il était en Argentine, chez sa mère, a reçu un coup de téléphone d'un imprésario connu dans le milieu du football. Imprésario qui partage le capital d'un restaurant avec le frère de... Jean-Pierre Bernès. La proposition faite à Burruchaga était de dire qu'il avait bien reçu un coup de téléphone de Jean-Pierre Bernès mais qu'il avait été incapable de comprendre ce qui lui avait été demandé, à cause du type d'appareil utilisé par l'hôtel.

Lorsqu'il reçoit Boro Primorac, le président de l'Oympique de Marseille ne connaît pas une donnée fondamentale de l'affaire de tentative de corruption. Il ignore qu'il y a eu versement d'argent.

Voilà ce qui n'a jamais été dit et pourquoi Bernard Tapie a commis l'erreur de recevoir Boro Primorac. A la mi-juin, les rendez-vous se bousculent au siège de Bernard Tapie Finance. Ainsi, vers le 17 juin, Bernard Tapie prend-il son petit déjeuner avec un autre Valenciennois, le président du club, Michel Coencas, et son associé. Bernard Tapie tente, bien sûr, de trouver un arrangement avec Michel Coencas. Ils font tous deux des affaires et n'ont aucun intérêt à se fâcher.

Michel Coencas répond à Bernard Tapie qu'un arrangement est à exclure à cause de l'argent. Ce dernier se renfrogne, fait une grosse moue. « Quel argent ? » interroge-t-il. « L'argent qui a été versé aux joueurs. » Tapie se rengorge, décroche son téléphone et met le haut-parleur en marche. Il semble appeler Jean-Pierre Bernès devant Michel Coencas.

TAPIE : Dis donc, j'apprends que les joueurs valenciennois ont touché de l'argent. Tu le savais, toi ?

A l'autre bout de la ligne, la réponse est confuse. Ce qui n'implique aucunement que cet argent a été donné par l'Olympique de Marseille ou à l'initiative de son directeur sportif. Mais tout se sait très vite dans le football. On peut donc croire, à entendre ce coup de téléphone dans cette matinée de la mi-juin, soit à un énorme coup de bluff — mais dans quel but ? —, soit à une ignorance de la part de Bernard Tapie. Ce qui n'implique pas nécessairement que celui-ci ignorait le mécanisme général de l'affaire.

L'hypothèse selon laquelle Bernard Tapie n'était pas au courant du versement de l'argent aux joueurs valenciennois expliquerait également pourquoi le président de l'Olympique de Marseille a négligé de récupérer cette somme. Sans cette preuve essentielle, l'affaire devenait moins dangereuse. Oubliés, les plus graves soupçons, les enveloppes, la provenance des billets, les agrafes qui les attachaient et ont nourri le feuilleton.

Bernard Tapie a parlé au téléphone à Christophe Robert et Jorge Burruchaga. La plus élémentaire des prudences — même s'il s'agit d'un complot contre le président de l'OM — aurait été de reprendre ces 250 000 francs, quelle qu'en fût la provenance. Il aurait pu désamorcer une éventuelle machination dont il dit avoir été la victime. Si cet argent s'était révélé légitime, les deux joueurs auraient pu se le faire restituer.

Boro Primorac, lui, était bien dans le bureau de Bernard Tapie. C'est en tous les cas ce qu'il dit au procureur le 23 juin, autre journée chargée de symboles et de révélations puisque le procureur de la République reçoit également Bernard Tapie quelques heures après Primorac et, entre les deux rendez-vous, apprend que les policiers ont découvert en Dordogne 250 000 francs dans un jardin, sur les indications de Christophe Robert.

Beffy et Tapie dans un couloir

17 juin, 23 juin, les dates sont primordiales dans cette affaire. Le 4 juillet, *Le Journal du dimanche* révèle les déclarations de Primorac. Bernard Tapie laisse dire. S'il a bien rencontré Primorac, il pouvait en parler. Il n'y avait aucun délit dans la tenue d'une telle rencontre. Il n'est pas interdit à un président de club de recevoir un entraîneur au chômage. La justice aurait eu les pires difficultés à prouver la teneur réelle de la conversation, notamment en raison du français très approximatif de Boro Primorac. De plus, dans ce cas de figure, Bernard Tapie aurait éventuellement pu produire le témoignage d'André-Noël Filippeddu. L'affaire aurait été immédiatement classée.

Le procureur, Éric de Montgolfier, est lui-même très étonné que le président de l'OM ne joue pas cette carte. Autre hypothèse : si les révélations du *JDD* sont mensongères, il s'agit d'un cas de diffamation gravissime. Bernard Tapie a alors tout intérêt à porter plainte, au moins pour l'effet médiatique. Il aurait ainsi interdit, de fait, aux autres journaux de parler de cette affaire. Mais, contrairement à ses habitudes, le président de l'Olympique de Marseille attend. Il est vrai que les stupéfiantes affirmations du *JDD* sont, lors de ce premier week-end de juillet, occultées par les tribulations de Jean-Pierre Bernès, qui, en quatre jours, voyage de l'hôpital Sainte-Marguerite de Marseille à la prison de Loos, près de Lille, en passant par l'hôtel de police de Marseille, le palais de justice et l'infirmerie des Baumettes.

Indécis pendant deux jours, Bernard Tapie s'engouffre surtout dans un deuxième tunnel, plus dangereux encore, le 6 juillet. Dans l'après-midi, le juge Bernard Beffy, qui enquête sur la base des déclarations de Primorac, organise un déplacement judiciaire au siège de Bernard Tapie Finance avec Boro Primorac. Il tient à ce que l'entraîneur valenciennois identifie formellement les lieux, la rue, l'immeuble, les locaux et le bureau de Bernard Tapie.

Le juge Beffy et Boro Primorac sont accompagnés par les enquêteurs lillois. Soudain, le juge se retrouve nez à nez avec le locataire des lieux, Bernard Tapie. Les locaux de BTF ne sont qu'un simple appartement bourgeois, il est impossible de ne pas s'y croiser. Bernard Beffy ne se démonte pas. Il organise dans la foulée une confrontation entre le président de l'Olympique de Marseille et Boro Primorac. On prend les empreintes de Bernard Tapie. La jeune femme du SRPJ est obligée de se mettre à genoux sur le bureau pour parvenir à ses fins. Bernard Beffy se permet une note d'humour : « Vous pourrez vous vanter d'avoir eu Bernard Tapie à vos genoux », lui lance-t-il.

Lors de cette courte confrontation, Bernard Tapie joue au malin. Il se fait porter un bloc et griffonne quelques indications lorsque Boro Primorac est chargé par le juge Beffy de préciser sa version. Tapie le fixe intensément.

PRIMORAC : ... Et puis nous sommes repartis avec M. Noël.

TAPIE (sûr de lui) : Et après ?

PRIMORAC : Nous sommes...

Le juge Beffy l'interrompt : « C'est moi qui pose les questions, monsieur Tapie. Donc, monsieur Tapie, confirmez-vous les déclarations que vient de faire Boro Primorac ? »

Bernard Tapie se mord les lèvres, fait mine de réfléchir et fait durer le suspense.

TAPIE : J'ai rencontré deux fois M. Primorac. Le soir du match, nous sommes allés ensemble signer des autographes pour des garçons handicapés. M. Primorac doit s'en souvenir. »

Boro Primorac opine.

TAPIE : Et puis la deuxième fois...

Le juge Beffy, Boro Primorac sont suspendus à ses lèvres.

TAPIE : Et puis, la deuxième, c'est aujourd'hui.

Le juge Beffy, Boro Primorac et son avocat ont apprécié le numéro. Bernard Tapie lit, approuve et signe le procès-verbal ainsi rédigé.

Bernard Beffy et Boro Primorac s'apprêtent à quitter le bureau lorsque Bernard Tapie demande au juge : « Je peux rajouter quelque chose, monsieur Beffy ? »

BEFFY : Oui, monsieur Tapie, naturellement.

TAPIE : Apparemment, monsieur Beffy, vous cherchez un certain Noël.

BEFFY : C'est exact, monsieur Tapie.

TAPIE : Je connais trois Noël. Deux portent deux *l*. Je pense qu'elles ne vous intéressent pas. (Bernard Beffy acquiesce.) Je connais aussi un Noël, c'est un ami du secrétaire du groupe Énergie Sud. Il m'a proposé un joueur. Je vous ferai communiquer son nom.

BEFFY : Merci, monsieur Tapie (il regarde ostensiblement sa montre) mais maintenant il faut que je parte, ma femme est enceinte, je dois retourner vers Valenciennes.

TAPIE : C'est bien, monsieur le juge, avec tout ce que vous devez avoir à faire, de penser à votre épouse.

La conversation au cours de laquelle les deux hommes se sont donné des « monsieur » amples et ironiques est terminée. Le juge Beffy plie bagages. Au bas de l'immeuble, il indique qu'il ne retourne pas à Valenciennes mais au Fouquet's pour reconnaître les lieux indiqués par Primorac. C'est à ce moment, dans le restaurant, que le juge Beffy a l'intime conviction que Primorac dit la vérité. L'ex-entraîneur de Valenciennes donne facilement son menu et celui des deux autres convives.

Avenue de Friedland, Tapie reçoit un appel de Noël Le Graët, puis, quelques minutes plus tard, téléphone à ses avocats. Le président de l'Olympique de Marseille a vite compris l'erreur. Il aurait été plus simple de déclarer qu'il avait rencontré Primorac.

Le juge Beffy, lui aussi assez surpris par la situation, aurait même pu démontrer l'éventuelle subornation ce jour-là, notamment en saisissant l'agenda. Les enquêteurs qui saisiront les carnets à spirale des secrétaires, servant de main courante à Bernard Tapie, ne trouveront pas le ou les petits cahiers du 17 juin. Qu'importe ! Le député des Bouches-du-Rhône s'est enfoncé dans son erreur. Les dés sont jetés. Jamais Bernard Tapie ne se sortira de ce piège du 6 juillet. Il se lancera même dans une surenchère inévitable, la triste affaire Mellick, pour démontrer que le 17 juin, à 15 heures, il ne pouvait pas recevoir Boro Primorac.

La nasse du 28 juillet

Le député des Bouches-du-Rhône Bernard Tapie rabâche qu'il n'a pas vu Primorac depuis le 20 mai, jour de la fameuse rencontre Valenciennes/Marseille. Il est très convaincant : « Je communiquerai au juge mes emplois du temps et les noms des personnes rencontrées, qui montreront sans aucun doute que les accusations de Primorac sont sans fondement », dit-il le lendemain de sa rencontre avec le juge. Il jubile : « Le 16 [au départ de l'affaire de subornation de témoin, Bernard Tapie ne savait pas s'il s'agissait du 16 ou du 17 juin], je suis à l'Assemblée devant tous les ministres, devant Balladur. Je ne vous dis pas pour le 17, afin de garder la surprise. » L'entourage de Bernard Tapie et son armada d'avocats semblent préparer tranquillement la riposte du 17 juin. Leur stratégie est bien définie : épuiser le juge Beffy sur cette affaire de subornation et prouver que ses investigations sont infondées. Cette tactique permettrait d'anéantir le soupçon de subornation de témoin, seul aspect du dossier pour lequel Bernard Tapie peut se retrouver devant la justice, et de mettre en cause l'« acharnement » dont fait preuve, selon lui, le juge Beffy. « Primorac ayant déjà changé au moins deux fois de version, dira plus tard Bernard Tapie, j'ai voulu le laisser s'enferrer. »

Pour démonter les déclarations de Boro Primorac, Bernard Tapie tente dans un premier temps de jouer sur la durée du repas qu'il a pris le 17 juin à TF1 avec le journaliste Charles Villeneuve. Le directeur adjoint de la rédaction de la chaîne ne se laisse finalement pas convaincre de décaler de quinze ou vingt minutes la fin du rendez-vous, ce qui lui aurait permis de dire qu'avec un peu de circulation Tapie ne pouvait pas être au 24, avenue de Friedland à 15 heures.

On prépare donc un autre alibi. Et puisque Bernard Tapie a annoncé publiquement une surprise, il faut élaborer un rendez-vous spectaculaire. Mais tout le monde ne sait pas tenir sa langue et, lors des préparatifs de l'alibi, quelqu'un perd patience ou veut jouer les importants. Il lâche à un journaliste du *Point* : « Vous verrez, c'est un ministre socialiste. » Les journalistes du *Point* ne se contentent pas de l'anecdote pour rédiger un simple écho. Ils se mettent à travailler sur le dossier et flairent le scoop. Ministre ? Ils dressent une petite liste des ministres qui furent les plus proches de Bernard Tapie. Ils ont placé en tête de ce mini-hit-parade des ministres amis de Tapie le député et adjoint au maire de Béthune, Jacques Mellick.

Nous sommes en pleine affaire VA/OM mais l'affaire Testut ne cesse de grossir. Jacques Mellick, ancien ministre de la Mer, secrétaire d'État à la Défense, se bat pour la survie de l'entreprise de pesage. La société n'emploie plus que 250 personnes mais, dans ce bassin très défavorisé, ce n'est pas rien. Jacques Mellick a fait quelques voyages au stade-vélodrome, il est allé soutenir le candidat Tapie dans les Bouches-du-Rhône. C'est un fidèle. Seule fausse note, cet apparatchik socialiste a refusé que Bernard Tapie tente son expérience de Forum des citoyens à Béthune. Enfin, dernière indication, Jacques Mellick a été vu en discussion avec Bernard Tapie et Michel Charasse le jour du congrès réunissant à Versailles, le 9 juillet, députés et sénateurs pour voter la révision de la Constitution.

Les journalistes du *Point* se lancent dans leurs appels concernant l'alibi. Premier coup de fil : Jacques Mellick, le 28 juillet. Un des journalistes demande confirmation au député du Pas-de-Calais de sa présence le 17 juin au siège de Bernard Tapie Finance. Dans un premier réflexe, Jacques Mellick ne confirme ni n'infirme. L'interlocuteur insiste : « Mais nous, nous savons. » Jacques Mellick est étonné, réfléchit (acculé, Tapie a dû leur dire) et confirme : « Oui, j'étais à Bernard Tapie Finance dans le bureau de Bernard Tapie, le 17, à 15 heures ». Patatras !

Bernard Tapie ne semble pas troublé par cette révélation. Il parade et, du coup, se met à détailler son début d'après-midi : « J'avais rendez-vous à 14 h 30 avec Jacques Mellick. J'ai quitté TF1 vers 14 h 35. Je suis arrivé dix minutes plus tard. Mellick était accompagné de son attachée parlementaire, discutant avec un de mes collaborateurs, Jean-Pierre Deck. Notre réunion a duré jusqu'à 15 h 25. Maintenant, en tout cas, les choses sont claires. »

Mais, pour Bernard Tapie et pour Jacques Mellick, les divulgations du *Point* viennent tôt, beaucoup trop tôt. La construction de cette rencontre est mal organisée et il était prévu de révéler ce fameux rendez-vous — et ce en cas de force majeure — plus tard, très vraisemblablement lors de la clôture de l'instruction, à la fin de l'année 1993. Au cours de cette longue période, la précision des témoignages se serait émoussée. Cela aurait également permis de modifier les agendas et de ne pas les perdre, d'harmoniser les témoignages. Car — est-il utile de le préciser ? — cet alibi grotesque est monté de toutes pièces.

14

Tapie Connection

Cabu, *Le Canard enchaîné,* 1993.

La corruption ne semble pourtant pas, en France, un phénomène généralisé mais la plupart des affaires, on l'a vu, mettent en cause l'Olympique de Marseille lors des années Tapie. Un autre club est aussi particulièrement visé, le FC Nantes, dont quelques éléments paraissent être à l'origine d'un réseau. Il convient même de se demander si, lors des cinq dernières saisons, les rencontres Nantes-Marseille se sont déroulées une seule fois normalement.

Autre piste : l'ex-Yougoslavie. Sans fouiller bien loin et si l'on est très vigilant, Bernard Tapie laisse tomber de temps à autre des informations passionnantes. Lorsque, au beau milieu du mois d'août 1993, policiers et journalistes cherchent l'identité du mystérieux troisième homme qui déjeunait au Fouquet's le 17 juin avec Boro Primorac et André-Noël Filippeddu, le président de l'OM fournit quelques indications aux policiers par voie de presse : « A mon avis, explique-t-il, il faut chercher du côté de la yougo-*connection* du monde du football. » La mécanique Tapie est bien connue, il amplifie, déforme, transforme, mais invente rarement de toutes pièces une histoire. Tapie ment autour de la vérité pour crédibiliser son discours. « Dans l'entourage de Primorac, précise-t-il, il y a trois ou quatre personnes spécialisées dans les affaires de football, dans les tractations, les négociations. Ce sont des intermédiaires très connus[1]. »

Effectivement, lors de l'évocation des affaires de corruption, les noms des joueurs et entraîneurs de l'ex-Yougoslavie apparaissent souvent : Primorac, Blazevic, Ivic, Barin, Susic, Vulic. Certes, ce pays est un réservoir pour les championnats français et italiens (pour la saison 1992-1993, les ressortissants de l'ex-Yougoslavie n'étaient cependant que six en Championnat de France, dont trois à Sochaux) mais la proportion d'ex-Yougoslaves impliqués est tout de même saisissante.

Deux d'entre eux semblent avoir joué un rôle important et obscur dans la vie de l'Olympique de Marseille : Miroslav Blazevic, ancien entraîneur de Nantes, et Lujbo Barin.

Entraîneur pendant quatre ans en Suisse, Blazevic a opportunément gardé une carte de résident de ce pays. Sur un compte en Suisse, il a touché, en 1989, quelque 420 000 francs (par l'intermédiaire d'une société zurichoise, First Erben AG), crédités par l'Olympique de Marseille. Blazevic affirme que cet argent devait servir l'organisation de deux matches amicaux avec les Glasgow Rangers et Liverpool, des rencontres qui — évidemment ? — n'ont jamais eu lieu. Mieux, cet argent a été intégralement versé au Sarajevo FC, qui servait autrefois d'intermédiaire lors de transferts de joueurs. Cette version donnée aux enquêteurs a le mérite de refroidir les ardeurs de ceux qui seraient tentés d'aller vérifier sur place de telles informations.

Le versement sur le compte de Blazevic intervient quelques jours avant la rencontre entre Nantes et Marseille du 25 novembre 1989. Blazevic affirme que « Marseille sait très bien pourquoi cet argent a été versé » et que, « de toute façon, Nantes a été floué dans cette rencontre »[2].

L'Équipe dévoile en outre qu'à « l'occasion d'un Nantes-Bordeaux (28 avril 1990) Blazevic avait été la courroie de transmission marseillaise, proposant aux joueurs nantais une prime spéciale, une bonne œuvre en provenance de la Canebière ou du Prado ». « C'est un joueur de Nantes qui nous l'a révélé, indique le quotidien sportif, mais cette prime devait être versée, selon Blazevic, par un très riche supporter de l'OM. Les joueurs s'étaient réunis et avaient refusé[3]. » Blazevic avait également démarché certains d'entre eux individuellement.

Pour un autre Nantes/OM, en 1990, Miroslav Blazevic s'était curieusement retrouvé à Marseille. C'est Christophe Robert qui en avait parlé : « C'est un copain de là-bas qui m'a aussitôt appelé. Il avait vu la photo de “ Blaz ” dans le journal, qui prétendait entre autres être là pour me transférer à l'OM[4]. »

Blazevic a-t-il été la tête de pont ou l'initiateur d'un réseau nantais ? On peut se poser la question car Jean-Jacques Eydelie a, lors de ses aveux au juge Beffy, indiqué qu'il avait lui-même été approché en mai 1992, quelques jours avant la rencontre Nantes/Marseille. L'OM lui aurait offert 350000 francs pour jouer en dessous de sa valeur. Les enquêteurs se demandent si Eydelie n'aurait pas touché des avances sur salaire à une époque où il ne jouait pas à l'Olympique de Marseille.

« Jean-Claude Suaudeau avait eu des doutes, se souvient Eydelie, car il savait que Desailly et moi-même avions été contactés par Marseille pour un éventuel transfert la saison suivante[5]. »

La justice devait bien se poser quelques questions car elle s'est intéressée très tôt — avant les aveux d'Eydelie — au réseau nantais. A l'Olympique de Marseille, le juge Beffy et les policiers lillois ont, par exemple, saisi deux contrats, celui de Jean-Jacques Eydelie et celui de Marcel Desailly, transféré de Nantes à Marseille au même moment qu'Eydelie. A Font-Romeu, les joueurs retenus le plus longtemps en garde à vue furent notamment les « Nantais » Didier Deschamps et Marcel Desailly.

Après 1989 et 1992, le Nantes/Marseille de la saison suivante, en mars 1993, a intrigué les policiers. Les observateurs avaient trouvé douteuse la sortie sur blessure du Croate Zoran Vulic. Aucune preuve n'avait été apportée mais Vulic a quitté les « Canaris » un an avant la fin de son contrat. Les dirigeants nantais ont finalement préféré ne pas porter plainte. Réseau nantais, piste marseillaise ou yougo-*connection* ? Les trois semblent intimement imbriqués.

Quel rôle exact jouait le Sarajevo FC, Miroslav Blazevic ou encore Lubjo Barin ? Et Tomislav Ivic ? Congédié de son poste, Ivic est, cas assez rare pour un entraîneur de cette réputation, resté à l'Olympique de Marseille. Il était chargé en particulier de superviser les futurs adversaires de l'OM. Quant à Barin, il a été, avec deux ou trois autres personnages curieux et très secrets, l'heureux bénéficiaire de sommes importantes versées pour jouer les intermédiaires dans des transactions dont ni l'objet réel ni la destination ne sont jamais clairement déterminés.

Il faut dire que l'argent circule de manière étonnante, sans aucun contrôle, passe les frontières, revient : un tourbillon financier impossible à suivre. Prenons le transfert de Dragan Stojkovic à l'Olympique de Marseille. Le montant « officiel » annoncé à la presse est de 49 millions de francs. Le contrat passé avec l'Étoile rouge de Belgrade est, lui, de 12 millions de francs. Dans les comptes de l'OM, la somme imputée au transfert du joueur pour la seule année 1990 est de 29 millions de francs. La disparité de ces chiffres est troublante. Génère-t-elle de l'argent noir ?

Le cheminement de cet argent est d'autant plus délicat à suivre qu'il est « lavé ». Il est apparu que dans le cadre d'autres transferts (Amoros, Waddle) de nombreuses sommes ont transité par des comptes domiciliés dans les territoires les mieux placés au hit-parade des paradis fiscaux : Suisse, Dublin, Panama... Ne parlons pas de personnalités du milieu du football qui jouent et gagnent beaucoup dans les casinos. Chance insolente ou blanchiment ? L'Olympique de Marseille possède, directement ou indirectement, des comptes en Suisse. Est-ce bien le rôle d'un club sportif ?

Comme les sociétés au sein du groupe Bernard Tapie, l'argent de l'OM voyage beaucoup. De quelle manière tourne-t-il ? On connaît les talents du vendeur Tapie. Mais, contrairement à ce qu'il prétend, il n'a jamais fait de coups merveilleux. Ses choix — contestés — ont toujours été judicieux sur le plan sportif mais, sur le plan financier, les transferts coûteux (Waddle, Stevens, Amoros) ont été d'un très mauvais rendement car Tapie les a payés nettement plus qu'il ne les a revendus. L'aller et retour de Pelé, cédé bon marché à Lille puis repris très cher, a été très lourd. Même cas de figure avec Monaco pour Sauzée. Autres fiascos : William Ayache ou Éric Cantona. Seul le transfert de Jean-Pierre Papin au Milan AC semble une bonne opération. Et soudain, à l'automne 1993, alors que Bernard Tapie est acculé à vendre des joueurs, il réalise deux coups de génie. Le marché lui est pourtant très défavorable. Tous les présidents des grands clubs européens savent que Tapie est aux abois, ce qui constitue *a priori* pour eux une excellente occasion d'acquérir des joueurs marseillais à bon prix. Ainsi la Lazio de Rome, pourtant surendettée et qui a déjà acheté Alen Boksic pour la saison 1993/1994, accepte de le prendre neuf mois plus tôt pour une addition très salée. De fait, Bernard Tapie peut se vanter d'avoir réalisé une bonne affaire. Acheté 2 millions de dollars, Boksic est vendu 13 millions. Bénéfice net : plus de 60 millions de francs.

Quelques semaines plus tard, quelques heures seulement avant la clôture du second marché italien, Bernard Tapie est fier d'annoncer lui-même la vente de son défenseur Marcel Desailly pour 37 millions de francs. Dans l'euphorie, les dirigeants milanais parlent d'un nouveau « Rijkaard ». Sans vouloir porter atteinte à la réputation de Desailly, bon défenseur français, voilà une acquisition onéreuse. *Primo,* le marché des défenseurs est nettement moins élevé que ceux des milieux de terrain ou des attaquants (une référence : le Brésilien José Carlos Mozer avait été acheté 27 millions par l'OM). *Deusio,* Desailly, qui a beaucoup progressé lors de la saison précédente, n'est pas un défenseur hors série, à l'image d'un Franco Baresi, libero du Milan AC, ou de Franz Beckenbauer, ex-libero du Bayern de Munich. Les dirigeants de clubs italiens pris dans les filets de l'opération « pieds propres » pour des transferts fictifs ont-ils fait profiter l'OM de leur cuisine à l'italienne ? Question plus brûlante : les grands clubs européens n'ont-ils pas entre eux une double comptabilité occulte destinée à financer des opérations extraordinaires ? A cet égard, l'aveu du président de Milan, Silvio Berlusconi, quinze jours après le transfert de Desailly, est pour le moins surprenant : le « recrutement [de Desailly] n'était ni opportun ni nécessaire mais il a été décidé pour des raisons secrètes et qui doivent le rester[6] ».

Cette compilation de révélations troublantes tendrait à prouver que le système de corruption peut facilement être alimenté financièrement sans qu'on se dote d'une caisse noire, instrument désuet et dangereux. Par hasard, le nom de Marseille, de l'OM, est chaque fois cité. Les policiers lillois, nantais, marseillais ont accumulé les actes mais la justice a pris un incroyable retard grâce à une protection qui était, semble-t-il, sans limites.

En 1990, le procureur de la République de Marseille avait pourtant un dossier complet, bien ficelé, sur certaines pratiques financières. Dans son rapport, il évoquait les prêts fictifs (les joueurs empruntaient de l'argent qu'ils ne rendaient pas, échappant, eux, au fisc et l'OM à l'URSSAF), les primes occultes versées lors des transferts. Il s'apprêtait même à ouvrir une information pour faux et usage de faux. Il ajoutait : « Seraient susceptibles d'inculpation de ces chefs Michel Hidalgo et Bernard Tapie[7]. » La chancellerie a eu une bienveillance qui, avec le temps, apparaît de plus en plus coupable. Elle a suggéré au procureur de ne pas ouvrir d'information : « J'ai demandé, écrit pudiquement Henri Nallet, au procureur d'attendre pour ouvrir une information, de reporter sa décision, que je ne contestais nullement, le temps que les procureurs généraux des autres cours où se trouvent des clubs de première division fassent le point sur les différentes enquêtes fiscales entreprises[8]. » Henri Nallet estime que Bernard Tapie était le « bouc émissaire » d'un système où de telles pratiques étaient « très répandues ». Drôle de notion de la justice de la part d'un ancien garde des Sceaux ! Heureusement que Bernard Tapie n'a pas volé une voiture ! Il faudrait attendre le résultat de toutes les enquêtes sur tous les véhicules volés le même jour avant d'entamer une procédure...

Quelques mois plus tard, après les élections régionales de mars 1992 — comme le note naïvement Henri Nallet — et histoire de noyer le poisson, neuf enquêtes seront ouvertes simultanément sur neuf clubs. Bernard Tapie est à cette époque devenu ministre de la Ville. Pour se justifier, mais sans être convaincant, Henri Nallet conclut : « Il n'y a pas eu d'étouffement mais volonté de traitement équitable[9]. »

L'affaire VA/OM a réactivé ce dossier laissé en jachère du temps où Henri Nallet et Michel Vauzelle étaient ministres socialistes de la Justice et gardes des Sceaux. La reprise de cette enquête a permis de constater que les commissions rogatoires envoyées en Suisse par le juge étaient si mal rédigées qu'elles n'étaient pas recevables par le juge helvète. De plus, le processus de transmission de ces commissions rogatoires a été retardé. Si l'OM avait quelque chose en Suisse, le club aura donc eu tout le temps nécessaire pour effacer les preuves.

Ces deux épisodes judiciaires confirment encore que l'Olympique de Marseille a pu pendant des années jouir d'une impunité totale, qui lui a permis de disposer des moyens jugés nécessaires par son président pour rapporter en France la Coupe d'Europe, habilement brandie comme symbole de la reconquête de l'orgueil national. Devenu une véritable machine à engranger les bulletins de vote, le club a pu, pour le régal des supporters, vivre au-dessus des lois de la République. Un mauvais exemple lorsque l'on cumule les charges de président de l'OM avec un maroquin ministériel ou un siège de député.

Cette trop large impunité aura peut-être conduit à un relâchement fatal et à un manque de vigilance qui ont permis de découvrir le scandale provoqué par la rencontre Valenciennes/Marseille. Une impunité qui s'est révélée si manifeste qu'elle a balayé les prudences élémentaires des acteurs. A un point tel que le procureur de la République, à la lumière des premiers éléments du dossier, s'est très vite interrogé : « Est-ce la force de l'habitude ou la force de la bêtise [10] ? »

15

Tapie et l'affaire Mellick

Le Canard enchaîné, 1993.

Agendas de ministres égarés, montres qui retardent, record du Paris-Béthune sur route pulvérisé, cartes d'essence qui « parlent », cartes de péage qui se taisent : à défaut d'être vrai, le montage de l'« alibi Mellick » aura distrait et fait rire. Un sujet inépuisable pour les caricaturistes et les humoristes.

Il est facile de le démontrer, Jacques Mellick n'était pas au siège de BTF le 17 juin à 15 heures. Mieux, il n'est pas allé à Paris ce jour-là. Mais cette affaire de faux alibi va révéler des méthodes douteuses et, semble-t-il, bien rodées, une organisation parfaite au service du mensonge. Deux anciens ministres, tous deux députés, vont prendre les Français pour des imbéciles, trafiquer leur emploi du temps ou le perdre opportunément. Le pire est la mise au jour de certains systèmes quasi féodaux et l'impunité dont ils croyaient jouir.

Jacques Mellick, qui pendant toute cette affaire a été sous le joug de Bernard Tapie, en sort laminé, lui qui se comporte en roitelet du Béthunois. Le président de l'OM, qu'il soit à BTF ou sur le *Phocéa,* a montré une belle aptitude, trop évidente, à gérer des situations de ce type, bien aidé par des avocats qui, au nom du sacro-saint droit de la défense, emploient d'étonnantes méthodes. Il est à se demander si Bernard Tapie ne s'est pas cru, comme il l'a dit, au temps de l'Inquisition ou de la Gestapo. Les policiers ont été obligés de riposter avec des moyens importants, eux aussi disproportionnés. Le tout pour un faux alibi destiné à camoufler un rendez-vous de julots.

Prouver que Jacques Mellick n'était pas à Paris est un jeu d'enfant. Sans compter les témoignages concordants des personnes présentes à Béthune ce 17 juin et qui ont vu Jacques Mellick à des heures où il devait être sur la route entre Paris et Béthune et les éléments matériels. Il suffit de constater que les déclarations de Bernard Tapie et de Jacques Mellick ne se recoupent pas.

Tout avait pourtant bien commencé. On se formalise à peine des premiers changements d'horaire. Jacques Mellick récite sa leçon, dictée du siège de Bernard Tapie Finance. Il affirme qu'il est arrivé à BTF entre 14 h 15 et 14 h 30, a attendu un délai décent. Il est reparti vers 15 h 30, fait de l'humour : « Je n'ai pas vu Boro Primorac, ni dans le bureau ni sous le bureau », ironise-t-il et il salue Bernard Tapie : « J'apprécie beaucoup la lutte de Tapie contre l'*establishment* », *establishment* dont Jacques Mellick fait d'ailleurs partie puisqu'il est petit-fils de député.

Quelques jours plus tard, le juge recueille la version de Bernard Tapie. Elle est sans surprise. Le président de l'Olympique de Marseille confirme, « à la minute près, à la seconde près », les déclarations de Jacques Mellick. Confusément, chacun sent bien que cette harmonie, cette précision soudain retrouvée, pour des gens qui affirmeront plus tard « ne plus très bien se souvenir des horaires exacts », est suspecte.

La version du couple Tapie-Mellick tient une dizaine de jours. C'est une photo mal légendée qui va mettre le feu aux poudres. Le député et président de la communauté du Béthunois apparaît dans la revue *Cap sur l'innovation*. Une photo le montre à une réception offerte en l'honneur du personnel du syndicat intercommunal qu'il préside. La photo est ainsi légendée : « Le 17 juin, à 14 heures, M. Mellick rencontrait les agents recrutés par la communauté du Béthunois lors des quatre derniers mois. »

Le député du Pas-de-Calais évoque immédiatement l'erreur de légende et affirme être arrivé très en retard, à 17 heures et non à 14 heures. Il est parti, répète-t-il, de BTF à 15 h 30 et est arrivé à cette réception à 17 heures, ce qui constitue un authentique exploit pour son chauffeur. Jacques Mellick argue que le conducteur connaît bien le parcours, qu'il dispose d'une voiture puissante et que ce temps record est réalisable grâce à des « gendarmes sympathiques ».

Les policiers se lassent des explications tordues de Jacques Mellick. Ils décident d'entendre ses proches collaborateurs, le personnel de la mairie et les employés présents à la fameuse réception. Ils découvrent très vite que plusieurs d'entre eux ont participé le 10 août à une réunion où étaient données les consignes sur l'emploi du temps officiel de l'adjoint au maire le 17 juin.

Jacques Mellick se braque et vitupère : « Les policiers ont agi comme des voyous », affirme-t-il. « Il s'agit d'une manipulation », dit-il encore, évoquant le fait qu'on ait distribué les photocopies du cliché dans sa circonscription. Il parlera quelque temps plus tard d'une « machination politique ». L'influence de Bernard Tapie est décidément très forte sur l'ancien ministre. Il se dit prêt, « moi, Mellick », à être placé en garde à vue.

Ce « moi, Mellick », prononcé le torse bombé et le menton arrogant, le regard planté dans les nuages, montre dans quel état d'esprit se trouve l'ancien ministre de la Mer. L'homme s'estime infaillible, intouchable. Habitué à jouir d'une immunité troublante, il gère son fief d'une main de fer. Jamais le député n'a pensé que l'on irait vérifier la parole d'un ancien ministre, qu'on chercherait ses agendas bizarrement disparus. Une anecdote définit bien le climat que fait régner Jacques Mellick dans sa ville. Un jour, le quotidien local, voisin de la mairie, décide de changer son enseigne. Les ouvriers commencent le travail lorsqu'ils voient arriver des agents municipaux qui les somment d'arrêter car cela fait trop de bruit selon M. le Maire. « D'accord, répondent les ouvriers, mais quand peut-on le faire ? — Ne bougez pas, on revient vous le dire. » Et les employés municipaux de fournir des créneaux horaires qui correspondent à des moments où le maire n'est pas dans son bureau.

La réaction de Jacques Mellick ne va pas inciter les enquêteurs à abandonner leurs investigations. Ils progressent vite. L'une des photos montre en effet Mellick serrant la main d'une employée qui porte une montre au poignet. Ils espèrent qu'un agrandissement pourra leur donner une indication horaire précise.

Jean-Pierre Chruszez, directeur des services de la communauté, commet une bévue qui fera rire la France entière. Il déclare que Brigitte Navez « est connue pour avoir une montre qui ne marche jamais ».

Jacques Mellick n'en continue pas moins à se montrer arrogant et provocateur. Lors d'une conférence de presse, il exhibe à son poignet une montre qui retarde de vingt-cinq minutes. Bernard

Tapie reprend l'argument et, lors d'un reportage dont il a exigé qu'il ne soit pas tronqué, il prend à partie les reporters de TF1 : « Regardons tous notre montre. Donnent-elles exactement la même heure ? » Tout cela vole bien bas.

« L'intox continue, jure Tapie. Laissons un peu de temps pour que la vérité éclate. » La vérité commence à se faire jour. Un proche collaborateur de Jacques Mellick fixe l'heure d'arrivée de celui-ci à Béthune à 16 heures. « Mes collaborateurs ont subi tant de pressions qu'il a accepté d'avouer n'importe quoi », riposte ce dernier. Ce sera désormais la ligne de défense de Jacques Mellick, de Bernard Tapie et de leurs avocats : les pressions policières et judiciaires. Avec une escalade dans le vocabulaire. « Sommes-nous encore en république ? » clame Charles Libmann, avocat de Jacques Mellick.

Les enquêteurs continuent d'interroger les personnes qui se trouvent sur la photo. Le résultat est limpide. Effectivement, Jacques Mellick n'était pas à 14 heures à cette réception, comme l'indique la légende, mais il ne pouvait pas être non plus à 15 heures à Paris, au siège de BTF. Toutes les personnes interrogées — sauf une — fixent sans aucun doute la présence de Jacques Mellick entre 15 h 30 et 16 h 30. Comment ces personnes peuvent-elles, entre les 12 et 16 août, avoir un souvenir aussi précis d'un après-midi du 17 juin, deux mois plus tôt ? Tout simplement parce que certains des témoins ont des repères très précis, notamment la sortie d'école de leurs enfants. Or plusieurs mères de famille ont pu à la fois serrer la main de Jacques Mellick, puis aller chercher leurs enfants à 16 h 30, à la maternelle ou en primaire.

Ces témoignages sont confortés par les éléments matériels mais surtout par les justifications aberrantes fournies par Jacques Mellick aux découvertes des enquêteurs. Les policiers ne trouvent en effet pas de trace de télépéage de Jacques Mellick le 17 juin. Le télépéage est un mode de paiement du péage autoroutier par une carte magnétique spéciale qui permet de passer au ralenti. Les passages sont enregistrés et débités sur le compte du propriétaire de la carte. Jacques Mellick utilise cette carte à chaque passage. Or le 17 juin la carte n'a pas été utilisée. Elle a servi le 16, le 18 mais pas le 17.

Il s'agit d'un déplacement « politique donc privé, pas dans le cadre de la mairie, rétorque aussitôt Jacques Mellick. Pour ce type de déplacements, je ne prends pas la carte de télépéage ni celle d'essence. Je paie moi-même car c'est dans mon éducation ». Jacques Mellick a oublié que cette carte lui était personnelle et de surcroît offerte à titre gracieux par la société d'autoroute. Il paie son essence et soi-disant son péage. Mais pourquoi utilise-t-il la voiture et le chauffeur de la mairie, qui coûtent bien plus cher qu'un plein d'essence ?

Et les éléments s'entassent. Les enquêteurs, bien aidés par une informatique inquiétante, présente dans tous les actes de notre vie quotidienne, découvrent que le plein de la voiture de Jacques Mellick a été fait à 13 h 20 à Béthune. Jacques Mellick cherche encore à se justifier : « Les cartes d'essence sont à la disposition de mon cabinet, chacun peut les utiliser et mon chauffeur règle ensuite la facture. » Peut-être, mais ce jour-là le chauffeur a bien signé lui-même le bon d'essence. Placé en garde à vue, lui-même n'est d'ailleurs pas sûr d'avoir fait l'aller et retour le 17 juin à Paris : « Si le 17 juin j'ai signé cette facturette, ajoute-t-il, je ne pouvais pas être à Paris. »

L'accumulation des indices montre l'impossibilité pour Jacques Mellick d'avoir rencontré Tapie au siège de BTF. Il est d'ailleurs incapable de prouver sa présence dans la capitale. Les témoignages des personnes qui ont déclaré se trouver dans le bureau de Bernard Tapie de 14 h 30 à 15 h 30 sont fluctuants ou contredits.

« Tout ce que dit M. Mellick est exact, continue d'affirmer Bernard Tapie quelques heures avant la révélation de l'existence du bon d'essence. Son chauffeur l'a accompagné, cinq personnes étaient avec moi en réunion — un haut fonctionnaire, un chef de cabinet, un ancien ministre de Matignon [*sic*], Mellick et moi. » Quelques jours plus tard, ils ne sont plus que quatre. Et les secrétaires de Bernard Tapie ont perdu la mémoire.

Jean-Pierre Deck, haut fonctionnaire du ministère de la Ville qui a suivi Bernard Tapie, est l'une des quatre personnes comptées par le président de l'Olympique de Marseille. Il s'est montré d'une belle habileté en évitant d'infirmer les propos de son patron sans les confirmer. Il a bien vu Jacques Mellick dans le milieu du mois de juin mais pas nécessairement le 17. Sa déclaration est très diplomatique : « Je situe *a priori* le rendez-vous avec Jacques

Mellick le 17 juin. Je n'ai pas dit aux policiers que je n'ai pas rencontré M. Mellick le 17 juin. »

L'attachée parlementaire de Jacques Mellick, est, elle, affirmative. Lorsque les policiers sont venus l'interroger en Martinique, elle a confirmé la version de son député et de celui des Bouches-du-Rhône, elle aussi à la minute près. Toutefois, sa version est directement opposée à celle d'une autre jeune femme, qui indique l'avoir rencontrée le 17 juin à 15 heures. Une jeune femme dont le nom était inscrit puis effacé sur l'agenda de l'attachée parlementaire mais que les enquêteurs ont, comme au cinéma, décrypté « à une lettre près ».

Terminons par Jacques Mellick, qui, après avoir longtemps refusé, accepte de rencontrer le juge Beffy pour donner sa version définitive de son emploi du temps du 17 juin. Le député a souhaité une audition discrète, qui a fini par se dérouler dans la bibliothèque du palais de justice de Douai à la fin du mois de septembre. Quelques jours avant cette rencontre, le procureur de la République avait tendu de longues et belles perches à Jacques Mellick, estimant que ce dernier s'était peut-être trompé de date ; que la rencontre avec Bernard Tapie s'était peut-être déroulée le 16 ou le 18.

Jacques Mellick s'est entêté à déclarer qu'il était bien le 17 à Paris mais que, selon ses déclarations, il avait quitté les lieux entre 14 h 40 et 14 h 50. Cette version a un double mérite : il ne se déjuge pas — il était bien à Paris le 17 juin — mais il ne peut plus servir d'alibi à Bernard Tapie, Boro Primorac affirmant qu'il était présent à 15 heures. M. Mellick espère ainsi que la justice va le laisser tranquille et qu'il va pouvoir se débarrasser pour toujours de cette triste affaire.

Se débarrasser de la justice, oui ! Mais pas de Bernard Tapie, qui monte immédiatement au créneau : « Jacques Mellick était bien dans mon bureau jusqu'à 15 h 15. »

Le député du Pas-de-Calais va subir l'énorme pression du principal actionnaire de Testut. Dans un premier temps, il fait publier un communiqué par son cabinet. Un texte alambiqué qui ne trompe personne : « Jacques Mellick a confirmé au juge Bernard Beffy qu'il était présent dans le bureau de Bernard Tapie l'après-midi du 17 juin 1993. Il ne lui a jamais déclaré qu'il s'était trompé dans les horaires, qui, cependant, chacun en conviendra, sont difficiles à préciser à la minute près quand on a un emploi du temps chargé. Il a également confirmé au juge ne pas avoir vu Boro Primorac dans les locaux de BTF. »

Ce communiqué, où l'on peut noter qu'il n'est jamais indiqué que Jacques Mellick a effectivement rencontré Bernard Tapie le 17 juin, ne suffit pas au président de l'OM. Jacques Mellick est tenu de faire une conférence de presse. Il passera même par fax à BTF le texte du communiqué pour avoir l'autorisation de le lire aux journalistes. Cette fois, c'est net et sans bavure : « J'étais dans le bureau de Bernard Tapie jusqu'au-delà de 15 heures. » « J'ai signé [le procès-verbal [1]], précise-t-il, en disant que je n'étais pas d'accord. » Pourquoi ? Il confiera plus tard au *Monde* : « Je suis un peu naïf. »

Le plus drôle est que la fameuse montre était bien en panne. Un agrandissement de la photo révèle qu'elle indique 9 h 10. Ce qui n'a jamais été dit, c'est que, sur le même agrandissement, l'heure est lisible sur deux autres montres : des indications horaires confondantes pour Jacques Mellick.

16

Les bons p'tits gars de M. Tapie

Le Monde, 27 juillet 1993.

Tout au long des rebondissements du feuilleton VA/OM, Bernard Tapie dénonce, souvent pêle-mêle, les journalistes, les policiers, les magistrats et les hommes politiques qui, selon lui, participent ou organisent « la plus grande manipulation médiatique que j'aie vue ». Parole d'expert ! Cette affaire, qui aura avant tout été un modèle de désinformation et de manipulation, un cas d'école, repose de façon très aiguë la question des relations entre Bernard Tapie et certains journalistes, des auxiliaires qui constituent pour lui un formidable réseau.

Les manipulations sont souvent indétectables — ce sont les plus réussies — car très raffinées. Avant que le message voulu par Bernard Tapie ne passe dans le grand public, il y a parfois plusieurs épisodes qui échappent aux yeux des plus avisés. Voici le récit chronologique d'une des semaines les plus calmes de l'affaire, dont Bernard Tapie va profiter pour engager une offensive subtile.

Nous sommes à la fin du mois d'août. Le procureur et le juge sont en vacances, la police judiciaire a levé le pied, la presse aussi, et le *Phocéa* croise au large de la Sardaigne. Depuis un mois, le président de l'Olympique de Marseille a placé dans une situation intenable son ami et alibi Jacques Mellick. Les preuves matérielles et les témoignages s'accumulent contre le député du Pas-de-Calais, qui s'est aventuré trop vite en affirmant qu'il était à Paris, au siège de Bernard Tapie Finance, le 17 juin. Alors Bernard Tapie tente, avec l'aide de quelques journalistes, une nouvelle manœuvre pour le sauver :

— *Mardi 24 août* : dans l'après-midi, comme il est de coutume, *Le Canard enchaîné,* qui sort le mercredi, laisse transpirer les révélations qu'il s'apprête à publier le lendemain. L'hebdomadaire satirique propose notamment un article, apparemment anodin, sous le titre « Les bricolages de Montgolfier et du juge Beffy ». Le journal publie la déposition initiale de Boro Primorac, le 23 juin, dans le bureau du procureur. Le document est assorti d'un article tortueux, dont le thème principal est la révélation d'un éventuel vice de procédure. Le document montre également que Primorac n'a pas, lors de sa première déposition, décrit précisément le bureau de Bernard Tapie. L'ensemble n'est pas très probant. Pourtant une agence de presse va y consacrer une dépêche anormalement longue. Bernard Tapie a, en effet, activé un contact afin que l'on donne suite à l'affaire.

— *Mercredi 25 août* : après la publication du document par *Le Canard enchaîné,* Bernard Tapie suscite une seule interview à la même agence de presse. Lui n'a retenu qu'un aspect de l'article : les premières descriptions — il est vrai sommaires — de l'ex-entraîneur de Valenciennes. Il affirme : « Tout ce qui est dit prouve que Primorac n'était pas dans mon bureau. »

— *Jeudi 26 août* : dernière phase. Les lecteurs pourront lire dans toute la presse : « Tout ce qui est dit prouve que Primorac n'était pas dans mon bureau. » *Libération* note avec intelligence que Bernard Tapie « a pris au bond » les révélations du *Canard enchaîné*. De son côté, Francis Szpiner, l'avocat de Bernard Tapie, donne une interview, affirmant une nouvelle fois que « toute la procédure est nulle », ce qui est en tout état de cause un mensonge grossier, puisque la chambre d'accusation de la cour d'appel de Douai a confirmé la procédure.

Une question reste en suspens : pourquoi toute cette manipulation, efficace mais complexe ? Bernard Tapie y répond dans l'interview du mercredi en renversant les rôles avec un culot époustouflant, affirmant que, puisque, selon lui, Primorac n'était pas dans son bureau, « l'affaire Mellick est un corollaire qui n'a pas lieu d'être ». CQFD.

Cette manipulation ainsi détaillée peut paraître dérisoire. Elle rentre pourtant dans un système précis, mis au point par Bernard Tapie et ses avocats. Il s'agit de susciter le doute pour chaque volet de l'enquête, pour chaque acte de procédure, afin d'accréditer la thèse de la manipulation ou du complot. Cette méthode gêne peu enquêteurs et magistrats, dont la mission est de rassembler des éléments dans un but précis (un éventuel procès) et qui se soucient peu des péripéties.

Cette désinformation permanente a en revanche des vertus indéniables sur l'opinion publique, moins avisée et qui se perd dans les dédales de l'affaire. Le président de l'Olympique de Marseille, commettant faute sur faute au début de l'affaire en s'exposant, a ensuite géré le doute avec maestria.

Une nouvelle fois, Bernard Tapie a compris comme personne le fonctionnement de la presse et a suivi une ligne de conduite toujours identique, résumée selon sa formule abrupte : « Pourquoi acheter un journal quand on peut acheter un journaliste ? » Dans ce domaine, il se montre d'une habileté redoutable. Il tisse imperceptiblement une toile, se façonne un réseau. Là où les autres hommes politiques tentent d'amadouer un journal, d'infléchir une ligne rédactionnelle, ce qui irrite souvent, Bernard Tapie connaît le fonctionnement de chaque rédaction, le rôle de chacun et préfère traiter avec ceux qui couvrent l'affaire.

En contrepartie, il n'hésite pas à jouer les pourvoyeurs d'informations, à demander des conseils — « J'ai été bon hier à la télé ? » — qui flattent toujours. Il met le journaliste en valeur, donne son numéro de téléphone, que tous les confrères cherchent désespérément. Revers de la médaille : celui-là sert aussi d'informateur. Dans les rédactions, certains préfèrent dissimuler leurs informations pour éviter qu'elles ne remontent immédiatement chez Bernard Tapie. Un comble !

Il y a aussi les mauvais journalistes. Pour Bernard Tapie, toujours manichéen, il y a les bons, ceux qui acceptent de diffuser ou d'écrire ce qu'il dit, et les mauvais, ceux qui ne passent pas obligatoirement par lui, ceux qui enquêtent ou qui ne sont pas d'accord. Il est curieux de constater que les journalistes du réseau Tapie voient aussi le monde de la presse de cette façon simpliste. Il y aurait les « pro-Tapie » et les « anti-Tapie ». Blanc ou noir. Accepter une telle vision, c'est accepter de réduire la presse et son rôle.

Le réseau des « journalistes à Tapie » fonctionne de manière très efficace pour gérer les plus grosses crises. L'entourage de

Bernard Tapie, de Jacques Mellick, Jacques Mellick lui-même auront pour consigne de téléphoner aux « bons » journalistes. Tapie a abusé de cette filière, notamment lors de l'affaire en question.

Voici l'exemple le plus édifiant de la mécanique Tapie vis-à-vis de la presse. Un ami de l'attachée parlementaire de Jacques Mellick qui est « en vacances » à la Martinique, est placé en garde à vue le 17 août. Il est entendu pendant de très longues heures par la police judiciaire de Lille. Pendant cette audition, il a, selon les policiers, demandé à écrire une lettre à son amie. Il s'identifie par un mot de code : « le concombre et la citrouille », et lui demande de dire la vérité.

L'audition, qui se termine tard dans la soirée, s'est, semble-t-il, très bien déroulée, dans un climat assez serein. A tel point qu'un inspecteur de police glisse à un ami journaliste : « Tu devrais le retrouver et l'interviewer, ce type est très sympa. Il est très bien. » Le journaliste, qui doit participer à une émission, n'a pas le temps. Pourtant, le lendemain, les premiers journaux de radio décrivent l'ambiance, qui paraît avoir été exécrable, un véritable terrorisme policier. C'est qu'entre-temps Tapie est intervenu. Quelques heures après la sortie du jeune homme, il appelle ses contacts. Deux médias seront « activés ».

« Bon, les gars, le type qui était chez les flics va vous appeler. C'est dégueulasse, ils [les policiers] l'ont obligé à écrire une lettre à sa copine. » Au téléphone, le président de l'OM est à son habitude très convaincant.

Quelques minutes plus tard, ce n'est pas cet homme qui appelle mais... Jacques Mellick : « Je vais vous le passer. » Le député du Pas-de-Calais prend la peine d'épeler le nom du jeune homme, dont l'orthographe a été écorchée dans les journaux. Celui-ci raconte une histoire incroyable : « J'ai été obligé d'écrire une lettre » et « j'ai été pris en otage », livre-t-il en substance, d'une voix lasse et mécanique.

L'un des deux médias concernés, France-Info, a la prudence de tenter de vérifier si la personne entendue est bien celle qui a été entendue par la police. Il ne réussira pas à le joindre. Le lendemain, plus personne ne parviendra à entrer en contact avec cet homme pourtant si prolixe la nuit.

Bernard Tapie a déjà sauté sur l'occasion et explique lors de sa première interview de la journée, sur RTL — radio qu'il déteste mais qui fait le plus gros taux d'audience —, que si ces déclarations se vérifiaient, cela constituerait « le dernier étage d'une turpitude inimaginable ».

Épilogue : le lendemain, harcelée par les journalistes, la mairie de Béthune, dont ne dépend pas le jeune homme, lui ordonne de faire une conférence de presse. Il lit un texte — le même que dans la nuit ! — et ne répond à aucune question. Qui a parlé de machination ?

Mais Bernard Tapie n'en démord pas. Il est victime d'un complot. Durant le feuilleton, l'escalade des propos du président de l'Olympique de Marseille est impressionnante. Voici les principaux extraits sur le thème de la machination médiatico-politico-footballo-judiciaire :

— *26 juin* : « A qui tout ça profite ? »

— *28 juin* : « On donne des centaines de kilos de papier pour raconter un événement qui n'en est pas encore un. »

— *30 juin* : « Tous les joueurs de Valenciennes sont manipulés. »

— *13 juillet* : « Ils ne respectent plus les règles pour essayer de m'avoir et on fait comme pendant la guerre avec les rafles de juifs. On disait : “ Il y a ceux qui donnent et ceux qui partiront. ” Et on faisait le troc : “ Tu veux sauver ta famille ? Tu m'en donnes dix. ” [...] C'est digne de l'Inquisition, de la Gestapo. »

— *26 juillet* : « C'est la plus belle manip que j'aie vue depuis longtemps. Elle me rappelle un peu l'Irak troisième puissance militaire mondiale, quand la guerre a duré trois minutes. »

— *27 juillet* : l'affaire de corruption n'a pas été montée par un politique mais par « une rencontre d'intérêts de tous ceux qui incarnent ce qu'on appelle un peu facilement l'*establishment* ».

— *Août* : « Vous allez voir qu'il y a une belle manip d'organisée. » Sont visés les milieux du football cannois et monégasque.

— *3 septembre* : « Il faut aller voir plus loin pour savoir s'ils ont été eux-mêmes manipulés, s'ils ont agi sur instructions ou sur ordres. » Qui ? « Des groupes, des partis, des institutions, des concurrents. »

— *Fin septembre* : « Il ne s'agit pas d'un complot mais d'une samba de la délation. C'est d'autant plus facile pour eux que je suis président de l'Olympique de Marseille, une ville qu'ils ont toujours fait passer pour un refuge de truands et de putes. Ce n'est pas un complot mais une association de malfaiteurs. »

« On ne va pas disparaître parce qu'une poignée de crapules a décidé de nous faire notre fête. »

La couverture médiatique des affaires VA/OM et Mellick prend effectivement des proportions considérables. Outre ceux qui ont trouvé l'occasion trop belle pour faire chuter Bernard Tapie, la raison principale de ce délire d'informations est la traque du mensonge quotidien, devenu un jeu de piste pour les journalistes. La vérité aurait été moins médiatique. Mais Bernard Tapie peut-il s'y résoudre ?

*

Les faits : Dans un monde du football gangrené, économiquement déséquilibré et moins nanti qu'en Italie ou en Espagne, le palmarès de Bernard Tapie est impressionnant. Pour parvenir à ses fins, le président de l'Olympique de Marseille a aidé le destin de manière un peu voyante. Tout en respectant la présomption d'innocence, la justice est convaincue que les dirigeants marseillais se sont livrés à des agissements coupables. Dans l'affaire Valenciennes/Marseille, les preuves et les aveux sont accablants. Pour répondre aux accusations portées, Bernard Tapie a mal choisi sa défense et, dans des volets annexes du dossier, apparemment anodins, s'est laissé empêtrer dans l'affaire Primorac. Rien n'atteste que l'ex-entraîneur de Valenciennes dit la vérité. Mais, pour le contredire, les mensonges de Bernard Tapie et de Jacques Mellick, ce dernier acceptant naïvement de jouer les alibis, n'ont fait que renforcer la thèse de Primorac. A ce jeu, les deux députés se sont ridiculisés. La manipulation des médias n'a pas été d'un grand secours bien qu'une partie de l'opinion, éblouie par la carrière de Bernard Tapie, ne rejette pas les thèses du complot ou de l'archarnement défendues coûte que coûte par Bernard Tapie.

Les enjeux : Bien plus que dans l'affaire Testut, qui a pourtant déclenché la levée de l'immunité parlementaire de Bernard Tapie, les conséquences médiatiques et politiques d'une éventuelle condamnation dans l'affaire VA/OM seront désastreuses. Une éventuelle condamnation de Jean-Pierre Bernès ne trompera personne, Bernard Tapie ayant plusieurs fois assuré qu'il se sentait pleinement responsable de son club. Bernard Tapie, qui a choisi le sport afin que sa réussite soit incontestable, est de plus en plus contesté. Définitivement consacré héros national grâce à ses talents au sein de l'Olympique de Marseille, le club phocéen pourrait l'entraîner dans une chute définitive. La carrière nationale de Jacques Mellick est, elle, brisée.

QUATRIÈME PARTIE

17

Tapie et la République du mensonge

Cabu, *Le Canard enchaîné,* 1993.

« Sommes-nous encore en république ? » s'interroge Charles Libmann, avocat des droits de l'homme et de Jacques Mellick, qui nous avait habitués à plus de discernement et semble, en plein mois d'août 1993, découvrir les conditions de garde à vue en France. Il est vrai que certains acteurs de l'affaire VA/OM ont bafoué certaines valeurs pour instituer un nouveau régime, la République du mensonge.

Les avocats de Bernard Tapie ont mille fois raison lorsqu'ils se demandent ce qui a poussé le juge d'instruction à mettre Élie Fellous en détention provisoire, mesure exceptionnelle prévue lorsqu'il y a un danger de « trouble de l'ordre public ». Ils ont tout autant raison lorsqu'ils se demandent quelle est l'« urgence » à lever l'immunité parlementaire de Bernard Tapie. Élie Fellous et Bernard Tapie ont eu depuis très longtemps le temps de se concerter. Le juge sera d'ailleurs rappelé à l'ordre par le parquet général de la cour d'appel de Douai, qui, dans ses conclusions transmises à la chambre d'accusation ordonnant la libération d'Élie Fellous, estime qu'« objet de l'intérêt des médias et ordre public ne sont pas synonymes » et que les fautes commises par Élie Fellous sont « banales ».

Ces fautes sont peut-être « banales » — abusivement, Bernard Tapie traduira « mineures » — mais l'auteur de ces termes, le substitut général Vedrine, avocat général à la retraite assurant ce jour-là l'intérim du procureur général, n'ignore pourtant pas que le chef de mise en examen pour abus de biens sociaux conduit en France de nombreux PDG — qui troublent rarement l'ordre public — en détention provisoire pour des sommes nettement moindres. Il est toujours utile de rappeler que les 41 millions de francs qui sont au cœur de l'abus de biens sociaux représentent environ une année de salaire de tous les employés du site Testut de Béthune.

En outre, contrairement à la traduction de Bernard Tapie, « banal » ne signifie pas « mineur ». Un viol est banal, un hold-up aussi. A New York, un crime est banal.

La vraie question révélée par cette affaire est : la mise en détention pour abus de biens sociaux, cette délinquance en col blanc, s'impose-t-elle pour les PDG indélicats ? Mais pourquoi faire un cas particulier d'Élie Fellous ?

Le fonctionnement et la communication de la justice sous la pression conjuguée des médias et des hommes politiques en vue ont été toujours présents dans les affaires VA/OM et Testut, les uns reprochant souvent aux autres ce qu'ils ne se privent pas de faire. Jacques Mellick, qui décidément n'a pas été très inspiré lors de l'été 1993, en est l'illustration. Décidé à aller voir le juge Beffy pour lui donner sa version de la journée du 17 juin, le député du Pas-de-Calais dénonçait avec virulence la justice qui se rend dans la rue et fait ses propres commentaires. Dans le mouvement, Jacques Mellick a oublié qu'il était lui-même au beau milieu de la rue. L'ex-ministre de la Mer était accompagné d'une armada de collaborateurs musclés, jouant volontiers des épaules et des coudes.

Jacques Mellick, qui se targue d'« avoir de l'éducation », a lui-même une conception étrange de la morale nécessaire à la pérennité de la République lorsque, après avoir été pris en flagrant délit d'erreur dans la récitation de ses horaires du 17 juin, il affirme qu'il « ne di[t] pas forcément la vérité aux gens qu'[il] ne conna[ît] pas ».

La non-vérité, l'amnésie et la dissimulation organisée ou, pour être plus exact, le mensonge ont été le fil conducteur de l'affaire. Le mensonge est un véritable fléau pour la République et, comme l'écrit le philosophe Alain Etchegoyen, qui a consacré tout un ouvrage à ce thème : « La démocratie (est) malade du mensonge. » « Dans la démocratie, mentir ne consiste pas à ne pas dire la vérité, c'est avant tout se mettre en contradiction avec sa responsabilité ; c'est ne pas pouvoir répondre de ses actes ; c'est insulter la démocratie elle-même. »

En l'espèce, Bernard Tapie est un orfèvre. Il n'est de vrai mensonge qu'efficace et le président de l'OM est un buteur d'une rare trempe. Il a l'art du mensonge et l'exerce avec maestria grâce à son don de conviction et son immense talent[1] .

L'heure du mensonge

Éric Cantona, qui déteste Bernard Tapie, est connu pour ses foucades. Les journalistes de *Télé-Foot* ne s'attendaient pas à celle du 10 octobre 1993, lorsque, répondant en direct à des questions sur le futur match de l'équipe de France, l'international tricolore change complètement de sujet. Le joueur de Manchester conseille aux téléspectateurs de regarder le jour même sur une chaîne concurrente « L'Heure du mensonge ».

L'ancien joueur marseillais fait allusion à l'émission politique *L'Heure de vérité,* diffusée en direct par France 2. Ce dimanche-là, l'invité est Bernard Tapie. Selon une formule immuable, François-Henri de Virieu est assisté par trois journalistes, qui, chacun à son tour, interrogent l'invité. Bernard Tapie est excellent, tour à tour sérieux, enjoué, soucieux, goguenard, interloqué, rigolard, appuyant habilement ses déclarations de gestes précis. Il fait une nouvelle démonstration de son talent intact de bête de télévision. Mais cette heure-là, Éric Cantona avait raison, fut vraiment celle du mensonge, de tous les mensonges. Un examen rapide, appuyé sur des faits avérés et vérifiés, est éloquent :

— « Je viens de La Courneuve, des banlieues. On veut que j'y retourne. Je n'ai rien à foutre là » : Bernard Tapie n'a jamais habité à La Courneuve mais dans la commune voisine, Le Bourget. Symboliquement, la nuance est d'importance. La Courneuve et sa célèbre cité des Quatre Mille sont perçues comme une banlieue pauvre.

— « Il y a une performance que M. de Virieu a oublié de donner : j'ai repris 42 sociétés en faillite, j'ai présenté 42 concordats, j'ai payé les 42 concordats. C'est-à-dire que pas une de mes boîtes, jamais, jamais n'a fait faillite » : Bernard Tapie n'intègre dans cette déclaration ni Adidas et ses filiales ni la firme belge de raquettes Donnay. Ne chicanons pas, mais, pour trouver 42 sociétés, il faut vraiment fouiller et prendre en considération toutes les coquilles vides qui ne sont que des marques commerciales. Passons également sur le fait que, dans plusieurs cas, c'est Bernard Tapie qui a déposé le bilan pour bénéficier des avantages du règlement judiciaire (facilités dans les modalités de licenciement, étalement et réduction de certaines créances). Le plus important, le mensonge le plus grossier, est que, dans ces 42 sociétés, on trouve au moins une liquidation de biens, et pas n'importe laquelle : Manufrance. Cette liquidation est prononcée le 19 février 1986.

— Lorsque, Albert du Roy l'interroge sur sa vie de chef d'entreprise, il répond : « Ma vie professionnelle ? Réussie plein pot : 42 concordats, 42 réussis, la moyenne nationale est de 7 %, moi : 100 %. Maintenant, cela s'est fait au détriment de 2 500 licenciements. Quand on fait 2 500 licenciements, quelque part, cela fait de la peine » : une estimation basse[2] montre que les entreprises de Bernard Tapie ont licencié plus de 4 500 personnes, dont quelques records : Terraillon, avec 530 suppressions d'emplois sur 560, et Wonder, avec un minimum de 1 250 licenciements sur un effectif de moins de 2 250.

— Lorsqu'il évoque l'affaire Testut, Bernard Tapie annonce qu'il va recapitaliser la société, avec, précise-t-il, « 240 millions de francs de fonds propres, pas d'emprunt » : trois jours plus tard, le mercredi, le plan de restructuration présenté par Bernard Tapie Finance, qui évitera que la société soit placée en redressement judiciaire, prévoit effectivement l'injection de 240 millions, dont... 50 millions de francs d'emprunt.

— Testut toujours : « Cela fait six-sept ans que je n'ai pas mis les pieds dans l'entreprise, que je n'assume aucune fonction, que je n'assume aucune responsabilité, que je n'ai pas participé à un conseil d'administration » : Bernard Tapie a été PDG de Testut jusqu'en avril 1992.

— Interrogé sur l'affaire VA/OM, Bernard Tapie estime que, outre le dossier présenté par les médias, « il y a un autre dossier, où il n'y a pas d'agrafes, pas de billets, où le coffre de Bernès était vide. Il reste deux éléments : il y a de l'argent dans un jardin et il y

a Eydelie qui dit... » : Bernard Tapie a oublié les déclarations au juge des joueurs valenciennois, dont celles de Jacques Glassmann, à l'origine de l'affaire, le témoignage de l'épouse de Christophe Robert, qui indique que, la veille de la rencontre, Jean-Jacques Eydelie lui a remis une enveloppe contenant de l'argent, celui de Jorge Burruchaga, qui affirme avoir reconnu Jean-Pierre Bernès au téléphone la veille du match, un relevé téléphonique...
— Sur l'affaire VA/OM : « Il n'y avait pas d'accord la veille du match » : les témoignages précédents démontrent le contraire.

Un avocat doit-il défendre son client ?

Parmi les meilleurs garants de la République figurent les avocats, tenus de défendre chaque citoyen quelles que soient les fautes reprochées. Ce rôle primordial qui consiste à défendre avant tout les intérêts de son client a connu dans l'affaire VA/OM des dérapages parfois inquiétants pour la bonne santé de la fameuse République.

Quels intérêts défend cet avocat qui, quelques jours après le début de l'affaire VA/OM, clame : « Comment vais-je pouvoir me glisser dans cette affaire ? » Sous prétexte de distiller quelques expressions percutantes et très médiatiques, ce même avocat plongera son client dans l'embarras. En revanche, il n'oublie jamais de marcher un pas en avant de son client pour être inévitablement sur la photo.

Quels intérêts défend l'un des avocats de Jean-Jacques Eydelie qui, devant la maison d'arrêt de Valenciennes et avec toute la théâtralité requise, exhibe aux journalistes le relevé téléphonique de la chambre de Jean-Pierre Bernès, qualifié de « faux grossier » ? Outre cette dernière affirmation, totalement erronée, ce qui est troublant de la part d'un avocat, le conseil d'Eydelie défend, *de facto* les intérêts de Jean-Pierre Bernès, qui, l'avenir le montrera, ne sont pas les mêmes que ceux du joueur marseillais. Au stade-vélodrome, l'avocat assistera d'ailleurs avec joie au tour d'honneur de Jean-Pierre Bernès à peine libéré et participera le lendemain sur le *Phocéa* à un *brain-storming* stratégique sur la défense du propriétaire du bateau. Son client officiel a préféré changer d'avocat.

Au nom du sacro-saint droit de la défense, certains avocats jouent l'attaque contre l'accusation, conformément à leur rôle mais aussi en livrant sur la place publique, procédé qu'ils dénoncent avec véhémence, les noms de certaines autres personnes. Ils sont aussi les principaux pourvoyeurs d'informations, essentielles et bienvenues pour les journalistes, parfois à des fins de manipulation savante. Certains avocats célèbres s'interrogent à juste titre sur le pouvoir exorbitant pris à la fin des années quatre-vingt par le couple infernal composé du juge d'instruction et du journaliste. Mais certains d'entre eux ne sont-ils pas devenus riches et célèbres en violant le secret de l'instruction pour passer à la télévision ?

18

Tapie,
de Mitterrand à Le Pen

Le Monde, 4 août 1992.

En politique comme dans les affaires, dans le sport ou dans la presse, Bernard Tapie n'est pas un homme de système, de parti ou de réseau, qu'il n'a pas les capacités ou l'envie de gérer. Il préfère la tactique du solitaire, s'appuyant au gré de ses besoins sur quelques individualités qui lui font bénéficier de la puissance ou de la protection de leurs institutions. Son incapacité à travailler avec les francs-maçons, initialement tout acquis à sa cause mais qui ont préféré changer d'orientation, en est la plus parfaite illustration.

« Atypique », tel qu'il se définit lui-même, « ingérable » ou « autocrate », tel que le décrivent ses anciens amis d'Énergie Sud, Bernard Tapie est un homme de défis ponctuels. Il se repose sur sa conviction pour réunir, au coup par coup, les conditions afin de faire monter le meilleur soufflé. L'OPA sur le MRG est le dernier exemple connu.

Le président de l'Olympique de Marseille a ainsi bâti sa carrière politique sur quatre hommes : François Mitterrand, son aide de camp Michel Charasse — accessoirement assisté par Charles Pasqua —, Pierre Bérégovoy et Jean-Marie Le Pen, *last but not least*.

On a beaucoup prêté aux relations entre Bernard Tapie, François Mitterrand et Pierre Bérégovoy, au point de se demander quel lien indestructible, souterrain et forcément mystérieux a uni les trois hommes. Les rumeurs les plus folles, et toutes invérifiables, courent d'ailleurs sur le sujet. Sans être limpides, les relations entre Tapie, Mitterrand et Bérégovoy peuvent toutefois s'expliquer de façon simple.

L'exercice est délicat car Bernard Tapie fournit lui-même trop d'indications sur les pensées de François Mitterrand et de Pierre Bérégovoy à son égard. Cette abondance lui permet de se protéger derrière une carapace que le chef de l'État ne lui aurait peut-être pas fournie aussi épaisse. Le président de l'Olympique de Marseille en joue avec ingéniosité, en traduisant lui-même les sentiments de François Mitterrand. Exemples : sur les emplois prétendument sauvés chez Wonder, « là, Mitterrand a dit bravo », explique Tapie en 1989. Sur la chasse à courre soi-disant organisée pour le « tuer », il affirme que « tout ce qui l'atteint touche un peu le président ». Le député des Bouches-du-Rhône manie avec habileté l'expression « touche un peu ». Insinue-t-il que François Mitterrand compatit à ses malheurs ou que le crédit politique du chef de l'État s'écorne à chaque fois qu'il est attaqué ?

Ce dernier, avare de confidences sur Bernard Tapie, l'autorise à utiliser sa divine protection. Mais il s'engage aussi plus loin et s'est laissé aller en 1993, lors de la traditionnelle interview du 14 juillet, à un vibrant hommage : « Comme président de l'OM, il semble qu'il a bien réussi. C'est une intelligence et une énergie. Alors pourquoi le mêler pour l'instant à cette affaire, alors qu'à ma connaissance [...] le nom de Bernard Tapie n'a pas encore — s'il devait l'être — été prononcé dans les instruments de justice ? [...] Je le connaissais très peu avant que Pierre Bérégovoy ne me soumette son nom dans la liste de son gouvernement. Je l'ai accepté et il s'est révélé un excellent ministre. » Un « excellent ministre », répétera le chef de l'État.

Après ce plaidoyer extraordinaire, tout est organisé, lors de la garden-party dans les jardins de l'Élysée, pour que François Mitterrand salue Bernard Tapie et son épouse. On — les milieux élyséens — a rapidement expliqué qu'il fallait avoir la prudence de remettre les paroles du chef de l'État dans leur contexte. On a également souligné que François Mitterrand s'en était vivement pris aux juges. Il n'empêche !

L'attitude du président, toujours présenté comme un manœuvrier hors pair, apparaît, au sein même de la gauche, comme incompréhensible, presque déplacée. Pour beaucoup, il s'agit d'une marque de fidélité politique et chacun cite comme exemples l'hommage rendu au commandant Prouteau, « un homme extraordinaire », alors empêtré dans l'affaire des Irlandais de Vincennes, ou le soutien apporté à Henri Emmanuelli, pris dans les mailles du filet Urba.

Une chose est sûre : les bons rapports entre François Mitterrand et Bernard Tapie se sont établis rapidement. Le repreneur est en effet entré très tard en politique, en 1988, par manque réel de convictions dans ce domaine. Ceux qui affirment qu'il possède une fibre de gauche se trompent assez lourdement. La seule marque distinctive politique de Bernard Tapie est le populisme. Certains ajoutent sa farouche hargne contre Le Pen et étaient assez faiblement leur thèse, en donnant pour seule référence sa joute télévisée contre le président du Front national. Cette bataille anti-Le Pen a d'autres explications.

Bernard Tapie n'est pas vraiment de gauche. En avril 1986, il affirme qu'il n'a « pas de bord politique. Il y a des charlots à droite comme à gauche ». Au sujet de la plate-forme UDF-RPR, il estime : « Elle correspond à ma vision. Je suis un libéral. » Le repreneur adulé du milieu des années quatre-vingt avait d'ailleurs fricoté avec les partis de droite avant de s'orienter à gauche.

Les « inventeurs » du Tapie politique sont, en 1987, le publicitaire Jacques Séguéla et Jacques Attali. Le conseiller spécial de François Mitterrand aime provoquer des rencontres inattendues pour le président de la République. Il invite le Tout-Paris à la table du chef de l'État pour des repas dont il est l'ordonnateur. En 1987, Jacques Attali convie Bernard Tapie. Il le présentera au cours d'un déjeuner à Jean-Louis Bianco, secrétaire général de l'Élysée, puis à François Mitterrand. Autre entremetteur de talent, Jacques Séguéla a la même marotte. Il donne des dîners. Au cours des déjeuners d'Attali ou des dîners de Séguéla, où Coluche était très prisé, Bernard Tapie rencontre le chef de l'État. Ces repas mondains, auxquels Bernard Tapie ne se plie qu'exceptionnellement, auront eu une vertu : Tapie a choisi son camp ou plutôt un homme, le « Vieux », comme il l'appelle aujourd'hui. Le poulain de Séguéla et d'Attali sera également convié à l'émission « bléca » d'Yves Mourousi : *Ça nous intéresse, monsieur le président.* A Pierre Mauroy, qui s'était ému de cette présence, le chef de l'État avait répondu : « Ce garçon est né dans la pauvreté. Il a une hargne de gauche. Une vraie authenticité. »

Dès lors, François Mitterrand laissera Bernard Tapie se prévaloir d'un soutien sans faille. Au fil des mois, le respect du président de la République ne cessera de grandir et Bernard Tapie l'entretiendra avec dextérité. « Il a su quand il fallait caresser le chef de l'État dans le sens du poil », note l'un de ceux qui ont pu assister à quelques-unes de leurs rares rencontres, et il ne s'est pas gêné d'exploiter très tôt le différend avec Michel Rocard, même s'il draguait d'autre part Jean-Paul Huchon pour s'accorder les faveurs de l'ennemi juré.

Le président de la République est également « épaté », comme le rapporte Bernard Tapie, par ses indéniables succès électoraux. Le président de l'Olympique de Marseille marque d'autres points au printemps 1993, lors des derniers conseils des ministres aux allures de fin de règne. Alors que la mine de la majorité des membres du gouvernement s'allonge de plus en plus à l'approche du scrutin et que tous semblent résignés à une inévitable défaite, l'attitude de Bernard Tapie consiste à ne pas s'avouer vaincu, à y croire jusqu'au bout et à se battre jusqu'au dernier moment. François Mitterrand apprécie l'« énergie » et pense assurément que, dans la déroute générale annoncée des caciques usés, Bernard Tapie sera peut-être son meilleur remède anti-Rocard. Le transfert de Bernard Tapie au MRG à quelques semaines de l'échéance plaide en faveur de cette hypothèse.

Bernard Tapie augmente encore son capital de sympathie élyséenne lors des premiers développements de l'affaire Valenciennes/Marseille. La fougue avec laquelle le président de l'OM lance ses contre-attaques séduira encore François Mitterrand. Les proches du chef de l'État ne démentent pas l'éventualité d'une certaine nostalgie ou d'une solidarité entre les membres d'un même clan, victimes de complots. François Mitterrand s'est dit la cible d'un complot lors de l'affaire de l'Observatoire. N'avait-il pas été, en outre, le premier député de la Ve République dont l'immunité fut levée pour répondre aux juges au sujet de cette affaire qui se solda par un non-lieu ? Deux ou trois fois pendant l'été, il téléphonera personnellement à Bernard Tapie pour prendre des nouvelles de son ancien ministre.

Le président de la République n'a cessé d'être séduit par la combativité du député des Bouches-du-Rhône, au point de manquer d'une élémentaire prudence lors de ses déclarations du

14 juillet. François Mitterrand a même regretté ses propos. A la fin du mois d'août, le chef de l'État a passé quelques jours chez des amis. Pendant une semaine, le nom de Tapie a été strictement censuré, banni. François Mitterrand, visiblement excédé et trahi, n'a lâché qu'une seule phrase, rapportée par l'un de ses proches : « Je savais qu'il était menteur, mais à ce point... »

Un état d'esprit confirmé par Pierre Mauroy, qui a reçu le chef de l'État, lui aussi, à la fin du mois d'août, à Hardelot, sur la Côte d'Opale. L'ancien Premier ministre, qui a eu trop de phrases malheureuses sur Bernard Tapie, n'a pas voulu révéler la teneur exacte de ses entretiens particuliers mais il a indiqué que le président de la République employait le passé pour évoquer le président de l'OM. A la fin de l'été, François Mitterrand semblait tout aussi furieux après Jacques Mellick.

Pour Pierre Mauroy, le rouage essentiel de la liaison Tapie-Mitterrand est avant tout Pierre Bérégovoy, qui, ébloui par Tapie, lui a fait la courte échelle pour accéder au locataire de l'Élysée. « Dans ce monde des affaires où il avait pénétré comme par effraction, écrit Franz-Olivier Giesbert, il s'émerveilla devant le premier venu, pourvu qu'il fût huppé ou important. Il ne sut pas faire le tri. C'est lui qui, dès son arrivée à Matignon, décida de faire de Bernard Tapie un ministre [1]. »

Pourtant, les avis divergent très nettement sur cette position commune de Pierre Mauroy et de Franz-Olivier Giesbert. D'autres observateurs croient avant tout que Pierre Bérégovoy, en proposant le nom de Bernard Tapie pour la fonction ministérielle, puis en le rappelant six mois plus tard, a intelligemment devancé les souhaits présidentiels.

Tapie et son double

Bien plus que François Mitterrand, Pierre Bérégovoy est hypnotisé par le magnétisme de Tapie. Les mêmes mots reviennent chez tous les proches de Pierre Bérégovoy : il était fasciné par « le battant, le charisme et le courage » du président de l'Olympique de Marseille.

Pierre Bérégovoy a rencontré Bernard Tapie avant qu'il n'entre en politique, mais surtout quatre ans plus tôt que François Mitterrand. Lors de l'été 1983, à Nevers, où Pierre Bérégovoy a été élu maire quelques semaines plus tôt, Bernard Tapie rachète l'entreprise de fixations de skis Look. Le repreneur joue avec doigté du poste de ministre des Affaires sociales occupé par Pierre Bérégovoy et de ses relations avec la CFDT. Certains membres de cette dernière, organisation majoritaire chez Look, sont venus lui demander de rencontrer leur nouveau patron pour étaler un plan de restructuration et de licenciements. « Lorsque je rachète Look, raconte Bernard Tapie, une entreprise de six cents employés au bord de la faillite, Béré demande à me voir. Il est d'autant plus épaté qu'il a vu comment j'ai fait. Je ne lui ai pas demandé une thune. »

Le 20 juillet 1983, en mairie de Nevers, Pierre Bérégovoy demande à Bernard Tapie de ne licencier que cent treize salariés à la place des cent soixante-dix suppressions de poste prévues et de rembaucher prioritairement ceux qui ont été licenciés. Le PDG de Look accepte la proposition. En échange, Pierre Bérégovoy aidera le repreneur à convaincre la CFDT de modifier le rythme de travail pour s'adapter à la saisonnalité de la production. Il demande aux employés de travailler davantage l'été, en effectuant des heures supplémentaires non rémunérées, et de prendre plus de vacances l'hiver, lorsque les fixations sont déjà sur les présentoirs. Cette bonne idée se heurtera à un obstacle majeur : à l'époque, la formule est illégale. Le ministre des Affaires sociales se charge du dossier afin de modifier la législation. Le nouveau PDG aura ainsi un chic authentique pour embarquer « Béré » dans son aventure et les deux hommes respecteront mutuellement leurs engagements. Il en naîtra une estime réciproque.

Bernard Tapie renverra l'ascenseur sans rechigner aux petits coups de main de Béré. En mars 1985, sur TF1, dans *Le Jeu de la vérité,* une émission de variétés de Patrick Sabatier, qui tient la vedette, il loue les qualités du maire de Nevers, qui, quelques jours plus tard, va se présenter aux élections cantonales. Entre les deux tours, Bernard Tapie, qui est encore loin de s'engager en politique, se montre actif dans son soutien au ministre des Affaires sociales. Il donne une conférence de presse en compagnie de Pierre Bérégovoy et s'engage à ouvrir une usine de chaussures et un centre de formation à Nevers. Le repreneur ne tiendra pas ses premières promesses électorales mais Pierre Bérégovoy remportera le scrutin avec... six voix d'avance.

Les relations resteront très bonnes et Pierre Bérégovoy demeurera toujours l'homme politique dont Bernard Tapie sera le plus proche. Pour autant, l'ex-PDG de Look et le maire de Nevers s'opposent parfois. Au moment de la cession de Look, le Bérégovoy ministre des Finances se sent piégé, étant obligé d'autoriser la vente à un tandem américano-suisse. Le maire de Nevers est contrarié par la plus-value excessive réalisée par le repreneur, ce qui ne manquera pas, pense-t-il, d'avoir des conséquences néfastes sur l'emploi. Pierre Bérégovoy donnera également l'autorisation de cession de Wonder à l'Américain Ucar et ira user de son influence en Belgique pour favoriser le rachat des raquettes Donnay par Bernard Tapie.

La solidarité entre les deux hommes ne se démentira plus. « Moi, je l'aime bien, Tapie, répétait Pierre Bérégovoy quelques mois avant sa mort. C'est un battant. Il se battra contre les emmerdes. Il en aura mais je crois qu'il ne sera pas seul. »

Toutefois, le vrai déclic politique entre Bérégovoy et Tapie se produit presque dix ans plus tard, en 1992, le 11 mars. Ce jour-là, Pierre Bérégovoy décide d'aller soutenir Bernard Tapie, qui mène aux élections régionales la liste Énergie Sud dans les Bouches-du-Rhône. Devant les journalistes, à Marignane, le super-ministre des Finances apporte son soutien au président de l'Olympique : « Bernard Tapie est un homme de conviction et de courage. Il saura sortir la région de ses difficultés. Je vais d'ailleurs demander aux chefs d'entreprise de l'épauler car, si la région continue d'être gérée comme elle l'est actuellement, elle ne s'en remettra pas. » Un appui partisan et convenu. Mais, derrière cet hommage et son habituelle réserve, Pierre Bérégovoy dissimule ce soir-là une réelle admiration. Quelques heures plus tôt, le maire de Nevers a été ébloui.

Pierre Bérégovoy avait accepté de venir soutenir Bernard Tapie, qui lui avait assuré pouvoir réunir huit cents chefs d'entreprise. Le ministre, par sympathie et en souvenir des cantonales de 1985, avait donné son accord en émettant auprès de ses conseillers quelques doutes sur la réalisation d'un tel rassemblement. En arrivant, Pierre Bérégovoy découvre une salle bondée de près d'un millier de chefs d'entreprise. Ils ne sont pas tous responsables d'importantes industries, le gros de la troupe étant composé de patrons de petites firmes régionales, d'artisans et de commerçants, une salle assurément plus poujadiste ou tapiste que socialiste.

Une tribune et un pupitre ont été disposés devant cet imposant parterre. Le leader de la liste Énergie Sud, qui ouvre la réunion, ne prend par la peine d'y monter et, pendant trois quarts d'heure, parle à bâtons rompus, sans discours, sans notes, avec fougue et talent, arpente les travées, joignant le geste à la parole. Le saltimbanque chauffe la salle et réussit l'exploit de faire applaudir la politique du gouvernement. Scène pittoresque et chaleureuse, Pierre Bérégovoy monte à la tribune sans un sifflet et sous les acclamations de cet auditoire plutôt conservateur. Le ministre ajuste ses lunettes et lit pendant une petite heure un discours préparé. A la fin, il est de nouveau applaudi.

Dans l'ambiance détendue et rassurante de l'avion qui le ramène dans la nuit à Paris, Bérégovoy n'est guère plus disert qu'à son habitude. Il témoigne néanmoins son admiration pour Bernard Tapie. « Ce meeting, confirme un conseiller de Pierre Bérégovoy, a été décisif pour la nomination de Bernard Tapie au gouvernement. » A l'issue de la réunion d'Aix-en-Provence, Pierre Bérégovoy et Bernard Tapie, qui jusque-là se vouvoyaient, se tutoieront.

Bernard Tapie, qui utilise le tutoiement immédiat comme arme de séduction, mettra ainsi neuf ans à tutoyer ce fils d'Ukrainien émigré à Sotteville-lès-Rouen, un autodidacte qui, comme lui, a connu une merveilleuse réussite. Mais là où Tapie a gagné grâce à un aplomb et une présence énormes, Béré est arrivé à force de travail et de patience, sans éclat et sans parvenir à se débarrasser de ses allures ternes. Tapie est tout son contraire. La fascination démesurée et irrationnelle de Bérégovoy pour le président de l'OM trouve son origine dans cette opposition.

Pierre Bérégovoy proposera le nom de Bernard Tapie pour le ministère de la Ville et, selon ses conseillers, y tiendra absolument.

D'après eux, il est bien l'initiateur et le principal artisan de la nomination de Bernard Tapie au gouvernement. Il n'écoutera ni les rumeurs colportées au sujet du président de l'Olympique de Marseille, ni les avis contraires de certains membres de son cabinet, ni les conseils de ses amis socialistes, des « traîtres » selon le député des Bouches-du-Rhône. Pierre Bérégovoy s'était fait une religion de refuser ces rumeurs « *a priori* » ou les on-dit qui plus tard l'abattront. Toutefois, le dernier Premier ministre socialiste de François Mitterrand avait pris quelques précautions. Il avait demandé qu'on lui fournisse un dossier sur la réalité des affaires de Bernard Tapie, dossier qui ne comprenait que des « broutilles fiscales ». D'autre part, le portefeuille laissé par Michel Delebarre avait été singulièrement allégé avant d'être confié à Bernard Tapie. L'aménagement du territoire, qui représente une des principales lignes budgétaires de l'État, avait été enlevé.

Le bouillonnant ministre de la Ville donnera à Pierre Bérégovoy plus de soucis que tous les autres membres du gouvernement. Le Premier ministre sera même obligé de le congédier moins de deux mois après sa nomination, lorsque surgira l'affaire Tranchant, mais avec Michel Charasse il fera tout, dans la coulisse, pour trouver un arrangement et surtout tiendra la folle promesse de reprendre son ministre après le non-lieu prononcé par la justice. Réintégré le 24 décembre 1992, Bernard Tapie n'aura jamais connu de plus merveilleux Noël. Pierre Bérégovoy offrira même son bureau pour meubler son nouveau ministre de la Ville.

Le Premier ministre se félicitera de ces deux nominations qui avaient déclenché l'ire de certains socialistes lorsque, emporté dans la tourmente du prêt Pelat, le président de l'Olympique de Marseille lui apportera, contrairement à beaucoup d'autres, un peu de réconfort et lui prodiguera quelques conseils.

Touché par les révélations de la presse, le Premier ministre passe des petits mots de désespoir à Bernard Tapie pendant le Conseil des ministres. Le président de l'OM se précipite alors à Matignon et tente de le persuader : « Pour toi, cette affaire est finalement rassurante. Les Français vont se dire : “ Quoi, Béré, ministre depuis dix ans, aujourd'hui Premier ministre, est obligé d'emprunter un million de francs ? ” Et puis dis-toi qu'à chaque fois qu'un copain m'a demandé de lui prêter du pognon, je ne lui ai pas fait payer d'intérêts. Alors ne donne pas l'impression qu'on t'a gaulé à faire un truc malhonnête. »

Le bon sens, la verve et le don de conviction du président de l'OM ne changeront rien au destin du Premier ministre. Dans l'analyse qu'il fera plus tard de la situation, le député des Bouches-du-Rhône dressera un portrait touchant et troublant de Pierre Bérégovoy : « C'était une éponge. Il captait, analysait et comprenait pratiquement tout. Malheureusement, il était naïf et son destin l'éblouissait. C'est en spéculant sur cette naïveté profonde et ô combien humaine qu'un tas de salauds vont se jouer de lui en lui faisant croire qu'il pourrait être le prochain taulier. Les tueurs qui vont lui mettre cette idée dans la tronche se tiennent autour de lui. Ce sont les petits marquis poudrés de l'énarchie régnante, qui, si cela continue, vont conduire la grande taule de France dans l'impasse. »

19

Tapie et les réseaux

Le Canard enchaîné, 1993.

Le très calculé soutien de François Mitterrand, dont Bernard Tapie n'est pas dupe — mais lequel des deux utilise l'autre ? —, et la sincère solidarité de Pierre Bérégovoy n'expliquent pas totalement la progression du président de l'Olympique de Marseille en politique. En coulisses, au quotidien, un troisième homme est beaucoup plus actif, beaucoup plus interventionniste : Michel Charasse, ancien ministre du Budget, sénateur du Puy-de-Dôme et avant tout conseiller du Prince.

Il apparaît de plus en plus évident que Bernard Tapie a eu la tête maintenue hors de l'eau largement grâce à l'ancien ministre du Budget. Ce proche de François Mitterrand, qui aime jouer les personnages grossiers et vulgaires, maîtrise bien, comme son ami Tapie, la démagogie et incarne comme lui le social-populisme. Il partage également avec lui cette idée fâcheuse qu'il faut exercer pleinement le pouvoir, qu'il est stupide de se priver d'actionner tous les leviers à sa disposition, et semble enfin peu soucieux de la sacro-sainte séparation des pouvoirs entre politique et justice. Il a une implacable et dangereuse logique : « Michel Charasse, témoigne un autre des membres du premier cercle politique de François Mitterrand, est très manichéen. Pour lui, la gauche c'est les bons, le peuple, le progrès ; la droite les méchants, la réaction. Qui défend la gauche est bon et donc il ne faut pas rechigner à employer tous les moyens pour défendre les bons. »

Michel Charasse commence à peser de toute son influence dès les premiers déboires du député des Bouches-du-Rhône. En 1990, alors que Bernard Tapie est déjà empêtré dans l'affaire de l'OM et que, cette fois-là, Jean-Pierre Bernès a été plus tendre avec les enquêteurs et plus bavard sur les pratiques du club, Michel

Charasse a parlé de ce dossier à Henri Nallet. Le ministre de la Justice a de son côté tempéré les éventuelles ardeurs du procureur de Marseille, qui, d'ailleurs, ne s'est montré ni farouche, ni empressé d'ouvrir une information.

Dans un autre style, les avocats de Pierre Botton affirment haut et fort que les ennuis de l'homme d'affaires lyonnais ont commencé lorsque celui-ci s'est opposé à Bernard Tapie dans le dossier du rachat contesté de La Vie claire. La chronologie des faits montre que du jour où le gendre de Michel Noir a obtenu gain de cause contre Bernard Tapie dans cette affaire, les premiers inspecteurs du fisc ont épluché les activités de Pierre Botton, qui s'explique : « Lorsque, le 17 juin 1992, le ministre du Budget transmet mon dossier au parquet et signe une plainte pour abus de biens sociaux, Bernard Tapie vient d'être condamné trois fois par mes soins. Il est clair à ce moment-là qu'il faut m'empêcher d'aller plus loin. » Son dossier fiscal est utilisé comme une arme, alors que, selon Pierre Botton, l'administration « connaissait depuis 1990 la nature et les montants des redressements fiscaux envisagés sur [ma société] Vivien. La preuve est dans la note du 26 décembre 1990, qui émane de la direction générale des impôts et dont le ministre a eu connaissance, qui expliquait à l'époque, concernant la société Vivien : “ L'information du parquet par la voie prévue à l'article 40 du Code de procédure pénale sera différée dans l'attente de nouvelles directives de l'administration centrale. ” »

Dans le même genre, les dirigeants de Testut ont été surpris lorsque l'inspecteur du fisc qui enquêtait sur la société de pesage depuis plusieurs semaines a téléphoné au siège de l'entreprise pour annuler un dernier rendez-vous. Il est inutile de multiplier les exemples pour comprendre que les deux hommes sont intimement liés. Ils s'appellent quasiment tous les jours et les coups de téléphone ont redoublé lors du dossier Tranchant.

D'étranges mécanismes du cynisme politique se sont déclenchés en 1992 pour cette affaire et ont été reproduits lors de l'affaire VA/OM en 1993. Tapie, l'homme de gauche, a bénéficié de la mansuétude de l'inévitable Michel Charasse et d'un autre expert en réseau et populisme, Charles Pasqua.

En 1992, deux inspecteurs du SRPJ de Rennes, politiquement proches de Charles Pasqua, se régalent à fouiller les comptes d'une société. Les documents qu'ils dépouillent montrent que, dix ans plus tôt, Bernard Tapie, député mitterrandien des Bouches-du-Rhône, a dans une vieille affaire d'importation de matériel électronique, NAVS, roulé son associé de l'époque, le député RPR des Hauts-de-Seine, Georges Tranchant, lui aussi proche de Charles Pasqua. Très vite les deux inspecteurs sont conviés dans l'hôtel particulier du richissime député RPR. Ils sont amicalement invités à expliquer les dessous de cette affaire ou comment Bernard Tapie n'a pas fait profiter son associé des bénéfices de la vente Toshiba France à la maison mère japonaise. Georges Tranchant les remercie chaleureusement et réactive discrètement une société en sommeil pour porter l'estocade et réclamer son dû. Mais la négociation se passe mal.

A la buvette de l'Assemblée nationale, Bernard Tapie a envoyé paître son associé en termes verts : « Maintenant on a le pouvoir. Je t'emmerde. » Ainsi débute l'affaire Tranchant. Le député RPR dépose une plainte, instruite par le juge Édith Boizette. Entre-temps, Bernard Tapie est devenu ministre du gouvernement de Pierre Bérégovoy. L'ex-associé de Georges Tranchant se défend mal et s'en prend violemment à la justice et à son indépendance. Le ministre de la Ville va trop loin. Il est contraint de démissionner après cinquante-deux jours passés au gouvernement et est inculpé de « complicité de recel d'abus de biens sociaux ».

Michel Charasse s'empare du dossier et court les antichambres pour proposer quelques arrangements entre gens de bonne compagnie. Le ministre du Budget entend mettre bon ordre à l'affaire Tranchant pour que Pierre Bérégovoy puisse honorer dans les plus brefs délais sa promesse de réintégrer au gouvernement le ministre de la Ville. Dépêché par François Mitterrand, Michel Charasse a surtout besoin d'un Tapie retapé à l'approche des législatives de mars 1993, qui s'annoncent un déluge électoral sans précédent. Michel Charasse fait savoir à Charles Pasqua que le président souhaite un rapide dénouement de cette affaire. Georges Tranchant, député des Hauts-de-Seine, en délicatesse avec l'appareil gaulliste, est prêt à rendre service à Charles Pasqua, sénateur des Hauts-de-Seine. Les avocats du premier prennent langue avec ceux de Bernard Tapie, les relais du second prendront la température du cabinet d'Édith Boizette.

Charles Pasqua aurait dû retirer quelques avantages de la manœuvre. Il a demandé en contrepartie de cette coopération qu'il n'y ait pas de candidat socialiste au troisième tour du scrutin pour l'élection du président du Sénat en septembre 1992, après le renouvellement du tiers des membres de cette assemblée, au rang desquels figurait Michel Charasse, élu dans le Puy-de-Dôme. Malheureusement pour Charles Pasqua, René Monory (CDS) est élu au deuxième tour.

Mais les réseaux activés lors cette petite construction bâtie pour le bonheur de Bernard Tapie n'allaient pas rester en sommeil très longtemps. Un an plus tard, lors des affaires VA/OM et Testut, le président de l'Olympique de Marseille est formidablement bien renseigné sur l'activité des juges d'instruction et des procureurs par un réseau constitué de proches de M. Charasse et de M. Pasqua. Pour Bernard Tapie, la remontée immédiate de ces informations est essentielle pour mener des contre-attaques ou désinformer l'opinion. Il a organisé un PC de crise au siège de BTF ou sur le *Phocéa* pour collecter au plus vite les informations essentielles sur l'enquête.

La meilleure preuve de l'utilisation de ce réseau est que Bernard Tapie, prompt à charger les magistrats et le garde des Sceaux, le centriste Pierre Méhaignerie, plutôt plus proche en principe de ses options politiques, évite soigneusement de mettre en cause Charles Pasqua, ministre de l'Intérieur et donc patron des policiers. Dans l'hebdomadaire *Globe* lorsque Marguerite Duras, bien naïve, tente d'accabler Charles Pasqua, Bernard Tapie lui répond sobrement : « En l'occurrence, je crois que Charles Pasqua n'y est pour rien. » Jacques Mellick, pas mieux informé, s'en prend violemment aux policiers, traités de « voyous », ce qui lui vaut une riposte télévisée de Charles Pasqua.

Pendant toutes les affaires, Michel Charasse reste bien sûr un ami sûr. Le 9 juillet 1993, lors du congrès réuni à Versailles pour ratifier la modification de la Constitution et au plus fort de la tempête VA/OM, alors que Pierre Méhaignerie vient de déposer plainte contre Bernard Tapie pour diffamation envers les magistrats de l'affaire, le sénateur Michel Charasse se montre ostensiblement au bras du député de la dixième circonscription des Bouches-du-Rhône.

D'autres réseaux qui ont favorisé l'ascension politique de Bernard Tapie ont profité de l'année 1993 pour prendre de la distance. Ainsi les francs-maçons, qui n'avaient pas hésité à apporter un soutien public en participant à la liste Énergie Sud lors des élections régionales, tentent-ils de se montrer plus prudents et d'observer une « indifférence polie » à l'égard du président de l'Olympique de Marseille.

Proche de Michel Rocard, Tony Dreyfus a lutté pour que Bernard Tapie n'entre pas au gouvernement. Il a lutté pied à pied contre un autre conseiller de l'ancien Premier ministre, Jean-Paul Huchon, titulaire d'un abonnement dans les loges de l'Olympique de Marseille et fasciné par le président du club. Avocat d'affaires, Tony Dreyfus, lui, est aux premières loges pour déconseiller son éventuelle promotion ministérielle. Il a même défendu certains de ses clients dans des affaires contre Bernard Tapie. C'est lui, enfin, qui a laissé tomber une phrase cinglante et terrible : « On ne fait pas entrer Stavisky au gouvernement. »

Les similitudes entre Tapie et Stavisky sont parfois troublantes, même si elles demandent une certaine prudence : Stavisky, lui, était un escroc. Comme Stavisky, Bernard Tapie a longtemps triché sur son âge. Tapie se rajeunissait de deux ans, Stavisky de quatre. Tous deux ont été propriétaires de l'un des plus beaux hôtels particuliers de Paris. Stavisky avait racheté le théâtre de l'Empire pour épater ses amis radicaux, Tapie s'est offert Madame Grès pour les beaux yeux du prince. M. Alexandre avait une écurie de courses, Bernard Tapie une équipe de coureurs cyclistes.

Quelques années après l'affaire, Joseph Kessel avait d'un petit livre brossé un portrait d'Alexandre Stavisky. Chaque page semble écrite pour Bernard Tapie : « Je suis persuadé que, illusionniste pour lui-même comme pour les autres, fermement convaincu de son génie et de son étoile, excusant ses moyens frauduleux par le but assigné à son ambition, certain de boucher les fissures jusqu'au jour où un coup heureux le délivrerait de ses trucages, bref, joueur sincère en même temps qu'il avait fait un rêve d'honorabilité conquise par le succès [...]. Ses relations d'affaires, il les avait prises pour une influence invincible. Ses convives d'un soir, il les avait tenus pour des fidèles, des obligés, des amis. Une perversion complète des valeurs, des sentiments, des rapports humains lui avait donné cette audace, ce magnétisme, dont il avait tiré, pendant quelques années, le moyen de triompher du vraisemblable [1]. »

Tel Tapie, loin des paillettes, M. Alexandre redevient parfois Sacha : « Une volée de mots orduriers s'arracha de cette bouche soudain enlaidie, tordue, presque bestiale. Elle semblait, par le ton et la flexion, ne plus appartenir à l'élégant Alexandre. J'eus l'impression de me trouver soudain devant un homme démaquillé [2] », écrit Kessel.

Les enquêteurs qui ont interrogé Alexandre Stavisky en rapportent une description confondante : « Il était de la race des fascinateurs. Frotté d'idées générales, il avait l'élocution douce et fascinatrice, le regard engluant et se posait volontiers en victime des hommes et du sort [...] Il avait des alternances d'agitation et de dépression : la fatigue nerveuse le minait », écrivait le commissaire Léon Ameline.

Et cette fiche de renseignements : « Sait utiliser avec une habileté incroyable les relations et les influences qu'il a su ménager dans les milieux les plus divers... », est-ce celle de Bernard Tapie ou d'Alexandre Stavisky ?

Comme ils l'avaient fait pour Stavisky, les francs-maçons ont un moment porté à bout de bras Bernard Tapie, qui, lui, n'est assurément pas franc-maçon. Mais le président de l'Olympique de Marseille, rejeté des clubs, ordres, ligues ou fédérations, nourrit une certaine fascination pour la franc-maçonnerie, même si ses attitudes et quelques-uns de ses comportements et de ses idées musclés l'éloignent de la fraternité maçonnique. On pourrait en dire autant de Michel Charasse, longtemps considéré comme maçon, ce qu'il n'est pas.

Les « frères » étaient pourtant présents auprès de Bernard Tapie et leur soutien actif et efficace. Ainsi, lors ses récurrents problèmes de trésorerie, notamment à l'Olympique de Marseille, Bernard Tapie a, outre le fidèle allié du Crédit lyonnais, bénéficié de la bienveillance et surtout de l'autorisation d'un gigantesque découvert de la GMF Banque. Or aucune décision d'une telle importance ne se prend à la Garantie mutuelle des fonctionnaires sans l'aval des francs-maçons. L'autorisation de découvert s'est montée à plus de 200 millions de francs, une somme colossale. La GMF Banque misait peut-être, expliquent aujourd'hui les francs-maçons sans trop y croire, sur les « succès possibles de l'OM ».

Sur le plan politique, Bernard Tapie a, comme tous les proches de François Mitterrand et comme le président de la République lui-même, bénéficié de l'appui des frères. Il y avait, explique Francis Allouche, ancien premier grand maître du Grand Orient de France, qui figurait sur la liste Énergie Sud, des « raisons objectives » : « Au départ, pour nous, Bernard Tapie était le champion anti-Front national. Il était donc un allié objectif de notre société, très attachée aux problèmes d'éthique. »

En moins d'un an, entre les scrutins de mars 1992 pour les élections régionales et ceux de mars 1993 pour les élections législatives, les francs-maçons mesurent leur erreur, constatent son comportement « autocratique » et comprennent la limite des « engagements qui peuvent être pris par Bernard Tapie », capable de « laisser quelqu'un au milieu du gué sans aucun état d'âme ». Mais, surtout, les frères ne pardonneront pas à Bernard Tapie son attitude entre les deux tours des élections législatives.

20

Tapie joue avec le Front

Le Monde, 10 septembre 1991.

François Mitterrand s'est, dit-on, habilement servi du Front national pour diviser la droite. Le chef de l'État a utilisé le Front national et Jean-Marie Le Pen comme des instruments politiques. Bernard Tapie, pour une fois bon élève, va en faire un fonds de commerce. Très tôt décidé à se lancer en politique « par Marseille », Bernard Tapie trouve une arme : le combat anti-Le Pen. Cette tactique a une double efficacité. Elle donne une légère consistance au discours politique du président de l'Olympique de Marseille et rassure les milieux de gauche, qui se méfient de ce « milliardaire repeint en rose », comme le surnomment les communistes.

Les socialistes sont tout aussi méfiants mais ne peuvent qu'applaudir lorsque le repreneur tient ce langage et qu'il promet, lors de l'une de ses nombreuses apparitions à l'émission *7 sur 7*, que, « lui vivant », le Front national ne dépassera pas 10 %. Quand il se lance dans la bataille électorale, en juin 1988, après la deuxième élection de François Mitterrand, il ne peut cependant pas affronter directement Jean-Marie Le Pen. Les socialistes locaux ne veulent pas lui faire ce cadeau et, pour le symbole, réservent cette tâche à un vieux militant socialiste, Marius Masse. Cela n'empêche pas Bernard Tapie de faire campagne sur le seul et unique thème anti-Front national dans la sixième circonscription, face à un candidat UDF, Guy Teissier.

Le message est plus porteur et assure au président de l'Olympique de Marseille, qui ne manque pas de distribuer des ballons et d'annoncer des transferts mirobolants, une couverture médiatique impressionnante. Tapie ne peut pas combattre Le Pen dans la circonscription choisie par le leader du Front national, il va donc l'affronter par médias interposés. Tapie et Le Pen seront tous deux battus.

Néanmoins, le président tirera deux enseignements de ce scrutin : l'Olympique de Marseille est bien le formidable tremplin espéré, le combat contre le Front national aussi.

Le député de la « majorité présidentielle » des Bouches-du-Rhône sera définitivement intronisé chevalier anti-Le Pen à la fin de la même année, le 8 décembre 1989. Ce soir-là, TF1 organise une émission sur les problèmes d'immigration. La chaîne privée sollicite Jean-Marie Le Pen et des hommes politiques de tous bords. Tous ceux pressentis, de gauche à droite, déclinent l'invitation, pour ne pas, assurent-ils en chœur, apporter une caution aux idées du Front national. Le PS a vainement cherché un représentant mais trouve plus courageux de laisser faire Bernard Tapie. Lui en meurt d'envie. Le PS, prudent et peu téméraire, prévient avant l'émission que M. Tapie s'exprimera « en son nom personnel ».

Les invités doivent commenter de brefs reportages sur les problèmes d'immigration mais l'exercice tourne vite au duel Tapie/Le Pen.

TAPIE : Ce monsieur a le talent incroyable de faire prendre des vessies pour des lanternes. Quand il demande à Stoléru s'il a la nationalité juive, ce dernier devient blanc, KO. Moi, si je suis Stoléru, caméras ou pas, je me lève et je lui rentre dedans.

LE PEN (qui explose) : Je vous propose un vrai duel de caïdos que vous prétendez être : démissionnez à Marseille et je vous écrase aux élections.

TAPIE : Je suis député, il ne l'est pas et il n'est pas non plus maire de Marseille. Alors c'est pas parce que vous êtes une grande gueule que ce que vous dites est vrai. D'ailleurs 85 % du peuple vous détestent.

LE PEN : Vous êtes un hâbleur, un pitre grotesque, un matamore, un bluffeur, un Tartarin à peine capable de jeter quelques onomatopées à la TV. Vous rachetez des entreprises 1 franc...

TAPIE : ... C'est mieux que d'hériter.

Les deux hommes arrivent même à se défier physiquement. Un spectacle de rue désolant.

LE PEN : Il vous en cuirait...

TAPIE : ... Regardez-vous et regardez-moi. (Puis, tentant de calmer le jeu :) Bon, on va arrêter de faire l'Ange blanc contre le Bourreau de Béthune.

Les deux hommes n'en sont pas venus aux mains mais les experts sont formels : Tapie a battu Le Pen. Dès le lendemain, Michel Rocard, qui n'est pas un admirateur béat de Bernard Tapie, félicite le député des Bouches-du-Rhône sur les marches du Palais-Bourbon. François Mitterrand est, paraît-il, épaté par la performance. Il transmet ce sentiment à Bernard Tapie. Une fuite est organisée pour que cette félicitation présidentielle soit diffusée.

Le président de l'OM continue donc dans ce registre anti-Le Pen. Le point culminant est l'affaire des « salauds » lors des élections régionales, en 1992. Toujours à la recherche d'une formule contre le Front national, Bernard Tapie traite ainsi les électeurs du Front national : « Si Le Pen est un salaud, ceux qui votent pour lui sont des salauds », déclare-t-il à la tribune d'un meeting.

A écouter Bernard Tapie, cette rage de combattre le Front national est viscérale, incontrôlable et sincère. Et pourtant, en 1993, il va mener une campagne un peu différente. Les enjeux ne sont plus les mêmes. Les sondages annoncent le déferlement d'une vague bleue sans précédent. Bernard Tapie, qui a choisi de rejoindre le Mouvement des radicaux de gauche, change d'abord de circonscription. Il délaisse la sixième, devenue ingagnable, pense à la quatrième pour gêner Guy Hermier, qui s'est opposé à son élection à la tête de la région grâce aux voix du Parti communiste. Il va finalement déloger Yves Vidal, qui, lui aussi, a tourné casaque. Cet ancien apparatchik et premier secrétaire de la férération PS des Bouches-du-Rhône a quitté, en octobre 1991, les rangs socialistes à cause de... Bernard Tapie. Il a vainement tenté de rejoindre les écologistes, avant de fonder l'association Vivre la politique autrement et d'émigrer enfin vers les radicaux de gauche.

Un document interne du MRG montre que, cette fois-ci, il ne s'est pas opposé au président de l'OM. Il l'a même invité. Préalablement, Bernard Tapie a pris soin, sondages à l'appui, de le convaincre. Il est vrai que dans de bien meilleures conditions politiques, Yves Vidal avait, avec l'étiquette PS, été très laborieusement élu (50,09 %) en 1988. Toutes les enquêtes d'opinion montrent que le député sortant est battu d'avance.

Dans cette dixième circonscription, l'arithmétique électorale fait en effet apparaître quelques évidences. Bernard Tapie a besoin que le candidat du Front national, Damien Bariller, chef de cabinet de Bruno Mégret, réalise un bon score afin qu'il se maintienne au second tour. C'est la seule chance, pour le président de l'OM, de remporter la circonscription face au candidat de l'UDF-RPR (UPF), Hervé Fabre-Aubrespy (RPR). Du coup, Tapie est moins virulent.

Le ministre de la Ville reste toutefois très traditionnel dans sa campagne, utilisant l'Olympique de Marseille comme principal support et distribuant des places pour le stade-vélodrome. De plus, à cette époque, chacun prévoit une finale entre l'OM et le Milan AC, avec, selon les pronostics des spécialistes, une victoire milanaise. Les supporters n'en voudraient pas à Bernard Tapie tant l'équipe italienne, « la meilleure équipe du monde », semble inaccessible. Chacun reconnaît que le président du club phocéen a tout fait pour se donner les moyens de gagner.

Il réalise d'ailleurs un excellent score et arrive en tête à l'issue du premier tour de scrutin. Situation assez rare, quatre candidats peuvent se maintenir : les deux favoris, Bernard Tapie et Hervé Fabre-Aubrespy, mais aussi le candidat communiste, Roger Mei, et le candidat du Front national.

Selon les usages, le candidat le moins bien placé de la gauche — Roger Mei — se retire. La tradition électorale est respectée, le PC laissant à contrecœur Bernard Tapie défendre les chances de la gauche. La stratégie nationale du FN est bien différente. La règle établie avant le premier tour est de maintenir tous les candidats chaque fois que les résultats du premier l'y autorisent (un candidat peut se maintenir au second tour dès lors qu'il dépasse 12,5 % des inscrits, c'est-à-dire — en fonction du taux d'abstention — entre 16 et 20 % des exprimés).

Le parti de Jean-Marie Le Pen entend ne favoriser aucune élection d'un candidat de l'UPF. Voilà pour la théorie, respectée dans la quasi-totalité des cas. Deux exceptions confirment la règle, notamment à Cannes, où le candidat du Front national se retire pour empêcher l'élection du maire, Michel Mouillot. Il n'y aurait donc rien à redire sur le maintien au second tour de Damien Bariller. Tout n'est pas si simple.

Le Front national aurait eu tout intérêt à demander à ce proche de Bruno Mégret de s'effacer. La puissante fédération des Bouches-du-Rhône et Bruno Mégret le font d'ailleurs lors du conseil national chargé d'examiner les problèmes entre les deux tours. Faire battre Tapie serait une belle revanche pour le Front national. Cette tactique aurait un double intérêt : éreinter Bernard Tapie et obliger le RPR à un geste électoral dans la circonscription voisine de Vitrolles (douzième), où Bruno Mégret, le numéro 2 du FN, est en passe de battre Henri d'Attilio, qui, en 1988, était venu à bout de Jean-Pierre Stirbois. Cette logique apparente n'est pas entendue. Jean-Marie Le Pen est inflexible. La consigne du leader est d'appliquer la règle dans la dixième circonscription des Bouches-du-Rhône. Jean-Marie Le Pen sait que cette intransigeance offre la victoire à Bernard Tapie.

« Il y a eu des rencontres surprenantes dans les étages du conseil régional, regrette Francis Allouche, conseiller régional PS. Je ne connais pas la nature des conversations tenues mais les rencontres ont bien eu lieu. » L'adversaire malheureux de Bernard Tapie, Hervé Fabre-Aubrespy, assure, sur la foi, dit-il, d'informations des renseignements généraux, que Bernard Tapie a passé, le 23 mars, un coup de téléphone à Jean-Marie Le Pen depuis le restaurant où il déjeunait, le Pilon du Roy, à Bouc-Bel-Air. La patronne de l'établissement, qui a accueilli quatre fois Bernard Tapie lors de la campagne électorale, confirme que le président de l'OM a passé des coups de fil sur son portable, « comme à chaque repas », mais ne connaît pas les destinataires de ces appels.

Autre élément troublant, Bernard Tapie, malgré les nombreuses sollicitations, n'apporte aucune sorte de soutien à Henri d'Attilio, le candidat socialiste engagé contre Bruno Mégret. « Aucune déclaration, aucun geste », se souvient un dirigeant socialiste ulcéré par l'attitude du président de l'Olympique de Marseille. Le nom du ministre de la Ville figure bien sur un tract d'invitation à une réunion de soutien au maire de Châteauneuf-lès-Martigues mais Bernard Tapie ne sera pas présent.

Y a-t-il eu accord entre Jean-Marie Le Pen et Bernard Tapie ? « Je pense que oui, affirme le conseiller régional Front national

René Jestin, et beaucoup de militants des Bouches-du-Rhône le pensent avec moi. Ce n'est pas l'élection de Bernard Tapie qui nous consterne mais le fait que cette stratégie ait empêché l'élection de Bruno Mégret. Si Damien Bariller s'était retiré, Bruno Mégret était élu. D'ailleurs Henri d'Attilio avait déjà plié bagages. Il a repris le combat le jour où il a eu la confirmation inespérée du maintien du candidat du FN. » René Jestin et deux autres conseillers régionaux du FN démissionneront du groupe Front national au conseil régional, invoquant notamment l'élection offerte à Bernard Tapie par leurs propres troupes.

Cet épisode des législatives conduit à se poser une nouvelle fois la question de la sincérité de Bernard Tapie en général et plus particulièrement en politique. Beaucoup le croyaient sincère dans son combat contre Jean-Marie Le Pen. La réponse la plus cinglante est fournie par un membre du premier cercle de l'entourage de François Mitterrand, Jean-Louis Bianco, l'un des trois hommes qui ont guidé les pas de Bernard Tapie à l'Élysée. Cet ancien ministre l'a aidé pour la fameuse émission de TF1, que le président de l'OM a mis, se souvient-il, « un soin extraordinaire à préparer car il en avait compris l'impact futur ». Alors Tapie est-il sincère dans son combat contre Le Pen ? « Non ! » répond-il sans ambiguïté. L'un des proches conseillers, Laurent Carenzo, dégoûté par la politique et les virements de bord de Bernard Tapie, donne la même réponse, teintée d'amertume : « J'ai mis longtemps à l'admettre mais les faits sont là, incontestables. »

*

Les faits : Depuis 1988, François Mitterrand et Bernard Tapie se sont habilement servis l'un de l'autre pour faire leur chemin politique. Populiste, Bernard Tapie, lui-même peu convaincu par les idées de gauche, s'est également appuyé sur Pierre Bérégovoy et Michel Charasse, bras séculier du président de la République. Après avoir choisi Marseille, le repreneur a judicieusement utilisé l'Olympique de Marseille et le Front national comme deux tremplins capables de mieux le propulser vers le firmament politique.

Les enjeux : Sans la complicité de l'Olympique de Marseille, sans la protection de François Mitterrand, entravé par les différentes affaires, l'avenir politique de Bernard Tapie semble compromis. Ce n'est pas l'aide du groupusculaire Mouvement des radicaux de gauche qui peut lui apporter la puissance nécessaire. De plus, Bernard Tapie a lassé beaucoup de réseaux provençaux. Terre brûlée, Marseille reste néanmoins fertile pour le député des Bouches-du-Rhône. Toutefois, capable d'exploits sur des objectifs à court terme, Bernard Tapie n'a pas la sagesse, la patience et le bagage pour s'engager à long terme.

21

Tapie et le Milieu

L'Équipe, 25 août 1993.

La scène se passe place Beauvau, siège du ministère de l'Intérieur. Le ministre, M. Marchand, a accepté de recevoir le député des Bouches-du-Rhône. Le ministère de l'Intérieur est un des premiers concernés par les problèmes de ce département, durement frappé par la crise et le banditisme.

Cependant, Bernard Tapie n'est pas venu pour parler de politique générale mais pour évoquer le cas de l'un de ses administrés. Il explique la situation : une personne de sa connaissance est en prison depuis plusieurs années. Selon lui, il serait judicieux de le faire libérer. Cet homme croupit dans une cellule des Baumettes. Il est toujours en détention préventive et n'a pas été jugé pour les faits qui lui sont reprochés. Certes, cet homme n'est pas un ange mais il est emprisonné depuis quatre ans sur une simple dénonciation. Il a été arrêté le 31 mars 1988 dans un hôtel près de Bruxelles avec de faux papiers, a été condamné à six mois de prison pour cette infraction avant d'être extradé vers la France sur une simple dénonciation d'un « repenti ».

Cette situation est en effet gênante au simple regard des droits de l'homme. Comment quelqu'un peut-il être enfermé pendant quatre ans sans être jugé ? Son avocat a d'ailleurs formulé plus de vingt demandes de mise en liberté. M. Marchand ne connaît pas personnellement cette affaire. Il note le nom que lui donne Bernard Tapie : Francis Vanverberghe. Le ministre de l'Intérieur raccompagne son visiteur et va demander quelques éclaircissements aux conseillers techniques de son cabinet. A l'énoncé du nom, les conseillers sursautent. S'ils connaissent Francis Vanverberghe ? Assurément. Car Francis Vanverberghe, dit « Francis le Belge », est le parrain du Milieu marseillais. Le pedigree du Belge est une chronologie des plus belles affaires de Marseille et ses condamnations un précis de grand banditisme : proxénétisme, recel de malfaiteurs, détention d'armes, faux et usage de faux et trafic de drogue.

Vanverberghe a longtemps été considéré comme le lieutenant de Gaetan Zampa, dit « Tany », le parrain marseillais. Les deux hommes se sont brouillés au début des années soixante-dix pour une dette de quelque 500 000 francs à la suite d'une livraison de stupéfiants. L'incident se soldera immédiatement par un règlement de comptes et trois morts, dont Di Russo, un lieutenant du Belge. La réplique est sanglante : quatre morts au bar Le Tanagra. La guerre des gangs entre les deux clans sera terrible. En 1977, le Belge est notamment condamné à douze ans de prison dans le cadre de la célèbre *French Connection*. Il sortira en 1984 mais sera repris à Bruxelles en 1988.

Pourquoi Bernard Tapie cherche-t-il à faire libérer ce caïd de la pègre marseillaise ? Nul ne le sait. Le président de l'Olympique de Marseille aurait tenté une démarche similaire à la chancellerie. Henri Nallet a formellement démenti cette information auprès de l'auteur : « Je suis formel, jamais Bernard Tapie n'a fait auprès de moi une telle démarche ; maintenant, je ne peux pas me porter garant de tous les fonctionnaires qui travaillent à la chancellerie. » De son côté, M. Marchand n'a pas donné suite à l'intervention de Bernard Tapie. Toujours est-il qu'en novembre 1992 Francis le Belge est libéré par la chambre d'accusation de la cour d'appel d'Aix-en-Provence, s'appuyant sur la jurisprudence de la Cour européenne, qui a plusieurs fois statué que « tout prévenu doit être jugé dans un délai raisonnable ». Francis Vanverberghe sera repris à Paris à la fin de l'année 1993, lors d'un vaste coup de filet de la police judiciaire marseillaise.

Lorsque le Belge peut enfin sortir, il doit s'acquitter d'une caution de 1,5 million de francs. Et l'on va de surprise en surprise. L'un des chèques est signé par Bernard Pardo, l'ancien Toulonnais, l'un des joueurs de la bande à Courbis, qui a fait partie de l'Olympique de Marseille et qui sera lui-même incarcéré après la découverte d'un stock de cocaïne chez lui. Les membres de cette bande à Courbis étaient surnommés « les Corses » lorsque trois d'entre eux, Pascal Olmeta, Bernard Casoni et Bernard Pardo, jouaient ensemble à Marseille. Tous trois ont eu Rolland Courbis, très proche de Bernard Tapie, comme manager. Aussi surnommé « le Grec » (il a joué à Athènes), Courbis a confondu les genres. A Toulon, il cumulait les fonctions de directeur sportif, d'entraîneur du Sporting Club de Toulon et d'imprésario. Il sera inculpé dans une affaire de caisse noire concernant le club varois. Le manager toulonnais avait trouvé quelques combines pour verser aux joueurs des primes occultes. Lors de six transferts, notamment ceux de Casoni et Olmeta (au Matra Racing) et de Bernard Pardo (de Saint-Étienne à Toulon), Courbis avait fait intervenir un imprésario de pacotille, un vulgaire prête-nom qui facturait ses (fausses) prestations aux clubs acheteurs. L'argent était versé sur un compte du Crédit lyonnais à Monaco et était immédiatement sorti pour les joueurs. Nul doute, le Grec a la main. Un simple contrôle fiscal de l'un des faux imprésarios dévoilera la mécanique.

En 1990, cette affaire est en passe d'éclabousser les « ténors » du football français, notamment Jean-Claude Darmon, le « M. Pub » du ballon rond, et les dirigeants de l'Olympique de Marseille. Les joueurs marseillais sont entendus ; Alain Laroche, directeur financier, et Jean-Pierre Bernès, directeur général de l'OM, seront placés en garde à vue par la police judiciaire de Marseille. Les enquêteurs ne trouvent rien entre les deux clubs mais beaucoup plus dans la comptabilité de Marseille. Le parquet en informera la chancellerie, qui, selon Henri Nallet, préférera « attendre ».

Courbis, qui se vante de claquer et de gagner beaucoup dans les casinos de la Côte d'Azur, tombera une deuxième fois et sera incarcéré pour « infraction à la législation des jeux ». Le Grec et sa compagne, la comtesse Maria-Luisa Rizzoli, veuve du plus gros éditeur italien, faisaient du baronnage au Palm Beach de Cannes. La recette du baronnage est connue : un croupier à la table de la roulette avantage un joueur « associé », un « baron ». Dès que le résultat de la roulette est donné, le croupier pousse d'un discret coup de râteau la mise du baron sur la case gagnante.

Cette méthode doit faciliter l'évasion fiscale, la création d'argent noir ou le blanchiment d'argent sale. Le couple Courbis-Rizzoli sera confondu après une série d'écoutes téléphoniques qui révéleront en outre des conversations passionnantes sur les curieuses méthodes du milieu du football.

Enfin, la bande à Courbis comprend un quatrième homme, Marcel Dib, bien sûr, ancien Toulonnais qui a joué à Monaco avant de rejoindre en 1992 les Girondins de Bordeaux et son nouvel entraîneur... Rolland Courbis, sorti de prison quelques mois plus tôt. Marcel Dib présente la particularité de détenir la moitié d'un restaurant corse en association avec un certain André-Noël Filippeddu, lui-même ami de l'attaché parlementaire de Bernard Tapie. Médiatisé par Boro Primorac sous le pseudonyme de « M. Noël », Filippeddu est l'un des hommes qui, le 17 juin, ont déjeuné au Fouquet's, restaurant tenu par des Corses, avec l'ex-entraîneur valenciennois Boro Primorac. Selon les déclarations de Primorac, les deux hommes sont ensuite allés rendre visite à Bernard Tapie dans ses locaux de l'avenue de Friedland. Décidément, le monde est petit...

22

Tapie envers et contre tous

– Je serai moins présent dans la rubrique « Sports »... mais vous entendrez encore parler de moi !

Le Canard enchaîné, septembre 1992

D'aventures en affaires, Tapie n'a pas changé. Il s'efforce de repousser les limites morales de la société. Acculé, il montre encore un culot qui frise l'inconscience. Il brave l'institution judiciaire comme autrefois un vulgaire créancier. Au juge Beffy, qui l'entend dans l'affaire VA/OM, il promet la carotte : « Quand je serai président, je vous nommerai à la chancellerie[1]. » Au juge Benoît Persyn, qui vient de lui notifier sa mise en examen dans l'affaire Testut, il propose une incroyable partie de poker : « Mettez-moi en prison si vous voulez, prenez vos responsabilités, moi, je prends les miennes. Je ne verserai pas un sou, je ne me soumettrai à aucune mesure de contrôle judiciaire. »

Il brandit toujours les mêmes arguments : « Les autres font la même chose. » Le matraquage est efficace. A la sortie du palais de justice de Béthune, beaucoup considéreront sa « simple » mise en examen pour « abus de biens sociaux et complicité » comme une victoire. Son vrai triomphe est d'avoir fait croire que la mise en examen était devenue un acte ordinaire.

Pis, Bernard Tapie a calculé les bénéfices d'une éventuelle incarcération. L'homme d'affaires s'en réjouissait presque. Avec quelques politologues, il en a évalué le gain. Il n'y avait pas meilleure stratégie pour lui faire gagner immédiatement deux ou trois points — c'était la hausse prévue en cas de détention — dans les sondages. Le MRG, qui du coup dépassait les dix points, s'en frottait les mains d'avance. La prison devenue une arme électorale ! Le dérapage est stupéfiant.

Le président de l'Olympique de Marseille a même amené les plus sceptiques à se ranger de son côté. Très officiellement, dans une lettre du 31 décembre 1993, le garde des Sceaux, Pierre

Méhaignerie, a refusé de transmettre la demande de levée de l'immunité parlementaire de Bernard Tapie dans l'affaire VA/OM.

Qui a tort ? Bernard Tapie d'être l'un des plus retors à exploiter les failles d'un système, ou ceux qui laissent croire que les trois principales vertus d'un homme public sont l'amoralité, le cynisme et le mensonge ?

Et si Bernard Tapie tombait? Ah! tous l'avaient bien dit. D'ailleurs personne ne le connaissait, ce type, cet atypique, vulgaire et grossier, ce « voyou », dira Léon Schwartzenberg. Plus personne n'aura mis les pieds dans ce superbe hôtel particulier de la rue des Saints-Pères, plus personne n'aura applaudi à ses côtés dans la loge présidentielle de l'OM, personne n'aura foulé la coupée de sa merveilleuse goélette.

Un seul n'est pas dupe : Bernard Tapie.

Il s'est déjà fait mettre dehors de l'école, de la chanson, du patronat, de la Bourse, du football. Cela fait quinze ans qu'il n'attend plus rien de personne. Il est, finalement comme beaucoup d'autres gosses de banlieue, oublié. Le système le laisse de côté. Tapie a raison : « La France est un pays trop conformiste, trop immobiliste, avec des cloisons hermétiques, infranchissables. Il est pourtant enrichissant de connaître davantage et de fréquenter des milieux différents. Les institutions n'aiment pas les gens différents, ceux qui font autrement. »

Pour s'imposer, il faut combattre le système, le pervertir et le corrompre, pour être le premier, président ou maire. A ce jeu il n'est pas exclu que Tapie soit un jour le plus fort. François Mitterrand compris, tous mésestiment Tapie, tous croient l'avoir un jour utilisé.

Les hommes politiques diront qu'ils ont manqué d'informations, que ces chiens qui fouillent les poubelles ont oublié l'essentiel sur Tapie. Mais lorsqu'on publie que Bernard Tapie a demandé la libération d'un parrain de la pègre marseillaise, personne ne réagit. Est-ce dans les mœurs habituelles des hommes politiques ?

De gré ou de force, beaucoup ont joué son jeu. Sous la pression, le fisc a préféré ranger certains dossiers ; la justice, débordée, a mis les siens sous la pile ; la Ligue nationale de football a tergiversé dix fois avant d'alerter la justice ; la Commission des opérations de Bourse s'est étonnée, a menacé mais a finalement laissé faire.

Le constat est terrible : la société s'est habituée aux magouilles. Cet argent qui corrompt est devenu une valeur. Dans l'un des sondages express que *Le Parisien* publie quotidiennement, la question du 11 octobre 1993 — le lendemain d'une *Heure de vérité* consacrée au président de l'Olympique de Marseille — est : « Faites-vous encore confiance à Bernard Tapie ? » Les réponses sont confondantes : « Le bonhomme me plaît, il aime l'argent — comme moi ! — et il sait en faire, raconte un jeune pâtissier de vingt-deux ans. Peu importe comment, d'ailleurs, l'important, c'est qu'il en fasse et qu'il en fasse gagner à ses associés. » Un autre : « On lui reproche des magouilles. Mais peut-on réussir aujourd'hui sans un peu de tripatouillages ? Je ne le crois pas », explique un commerçant de vingt-huit ans.

Tapie réclame les clés de la « grande taule de France ». En examen, exilé, sous le contrôle judiciaire, en prison, Tapie ne renoncera pas.

ANNEXES

Chronologie

Chronologie de la tentative de corruption des joueurs valenciennois par l'Olympique de Marseille lors de la rencontre du jeudi 20 mai 1993, comptant pour la trente-sixième journée du Championnat de France, entre l'Union sportive Valenciennes-Anzin et l'Olympique de Marseille, dite « affaire VA/OM ».

Mai 1993

Jeudi 20. Valenciennes émet des réserves sur la feuille de match à la mi-temps de la rencontre gagnée par Marseille (0/1), accusant un haut dirigeant de l'OM de tentative de corruption. Jacques Glassmann, explique que, à quelques heures du match, il a reçu un appel téléphonique du joueur marseillais Jean-Jacques Eydelie, qui lui a passé ensuite quelqu'un se présentant comme un dirigeant de l'OM, lequel lui a proposé de l'argent pour qu'« il ne joue pas trop fort ».

Dimanche 23. Jacques Glassmann (sur France 2) : « Eydelie a d'abord eu mon coéquipier Christophe Robert au téléphone, à l'hôtel où nous préparions le match, puis a demandé à me parler, avant de me dire : " Je te passe Jean-Pierre Bernès. " Cette personne m'a proposé 200 000 francs pour que je m'engage moins contre l'OM. Glassmann précise que Jorge Burruchaga était présent au moment de l'appel, ce que l'Argentin de Valenciennes dément formellement.

Lundi 24. « J'attends que la finale de la Coupe d'Europe des clubs champions soit jouée pour me pencher sur cette affaire », déclare Noël Le Graët, président de la Ligue nationale de football.

Mercredi 26. L'OM devient le premier club français vainqueur d'une Coupe d'Europe en battant l'AC Milan 1 à 0, à Munich, en finale de la Coupe des clubs champions. But de Basile Boli.

Jeudi 27. Noël Le Graët confie à deux commissaires de la LNF la mission d'établir un rapport à l'intention du conseil d'administration.

Samedi 29. Vainqueur à domicile de Paris-Saint-Germain (3/1), l'OM est assuré d'obtenir son cinquième titre consécutif de champion de France à l'issue de l'avant-dernière journée du Championnat.

Juin 1993

Mardi 4. La LNF annonce qu'elle va déposer une plainte contre X. Jean-Pierre Bernès a, lui, déposé une plainte contre X dans laquelle il affirme que c'est Valenciennes, et non l'inverse, qui a proposé un « arrangement ».

Mercredi 5. « J'affirme qu'à mon arrivée au stade, et en présence de plusieurs témoins, les dirigeants de Valenciennes [...] m'ont fait la proposition que nous fassions match nul », déclare Bernard Tapie à l'AFP.

Lundi 7. Jorge Burruchaga reconnaît dans *France-Football* avoir menti. Il était bien présent dans la chambre d'hôtel, avec ses coéquipiers Jacques Glassmann et Christophe Robert, au moment de l'appel téléphonique.

Mardi 8. Maître Jean Appietto, avocat de la LNF, dépose plainte contre X auprès du procureur de la République de Valenciennes.

Mercredi 9. Le procureur Éric de Montgolfier ouvre une information judiciaire pour « corruption active et passive ».

Lundi 14. Bernard Beffy, le juge d'instruction désigné le 11 juin, a commencé des investigations qui se sont révélées « productives ».

Jeudi 24. Christophe Robert est placé en garde à vue. Une somme de 250 000 francs a été retrouvée au domicile de ses parents, à Périgueux, et le joueur a fait des aveux complets. Il passera la nuit à la maison d'arrêt de Périgueux.

Vendredi 25. La LNF se porte partie civile. Selon le procureur de la République, qui a reçu Bernard Tapie deux jours plus tôt à sa demande, le président de l'Olympique de Marseille « ne [l]'a pas convaincu ».
A Valenciennes, Jean-Jacques Eydelie se présente spontanément au juge d'instruction. Il est placé en garde à vue et passe la nuit en prison.

Samedi 26. A Marseille, Jean-Pierre Bernès est hospitalisé.
A Valenciennes, Christophe Robert est mis en examen pour « corruption passive » et son épouse Marie-Christine pour « complicité de corruption passive ». Ils sont laissés libres. La garde à vue de Jean-Jacques Eydelie est prolongée

Dimanche 27. A Valenciennes, tandis que les joueurs de l'USVA reprennent l'entraînement, Jean-Jacques Eydelie est mis en examen pour « corruption active ». Il nie les faits.
Sur TF1, Bernard Tapie précise que « pas un franc ne peut sortir de la caisse sans que quatre personnes au moins soient au courant » et affirme « sur l'honneur » que Jean-Pierre Bernès est très malade.

Lundi 28. A Valenciennes, le procureur réagit vivement à la manière dont TF1 a relaté l'affaire la veille : « J'aime bien l'information, pas la désinformation. »
A Marseille, deux experts médicaux près de la cour d'appel d'Aix-en-Provence sont nommés pour vérifier l'état de santé de Jean-Pierre Bernès.

Mardi 29. A Valenciennes, le juge délégué, Françoise Dupuis, décide le maintien en détention d'Eydelie. Au sujet de Bernard Tapie, Éric de Montgolfier interprète « tout signe d'affolement » comme la preuve que la justice « tient le bon bout ». Le procureur se rend dans l'après-midi à la maison d'arrêt pour vérifier les conditions de détention du joueur marseillais.
A Marseille, pour la première fois dans le cadre de l'affaire, Jean-Pierre Bernès est entendu, brièvement, par quatre policiers lillois.
Dans *France-Football,* Robert affirme que « Glassmann était dans la combine ».

Mercredi 30. A Marseille, perquisition de sept heures au siège de l'OM par le juge Beffy et quatre policiers du SRPJ de Lille. Plus d'un millier de supporters défilent sur la Canebière.
A Valenciennes, Burruchaga rentre d'Argentine. Éric Dupond-Moretti, avocat de Glassmann, qui se porte partie civile, estime que « ceux qui ont versé cet argent sont, pour employer un mot cher à Bernard Tapie, peut-être des salauds car ils laissent un homme moisir en prison ».
A Paris, une soixantaine de supporters de Valenciennes manifestent devant le siège de la LNF.
Dans *Paris-Match,* Bernard Tapie « révèle » que le couple Robert a

sollicité de son ami Eydelie un prêt de 200 000 francs pour ouvrir un restaurant.

Juillet 1993

Jeudi 1er. A Font-Romeu, lors de leur arrivée pour le stage de préparation sous les ordres de leur nouvel entraîneur Marc Bourrier, les joueurs marseillais sont emmenés par les policiers. Quatre d'entre eux (Di Méco, Desailly, Deschamps et Ferreri) sont placés pendant quelques heures en garde à vue.
A Valenciennes, Burruchaga, mis en examen pour « corruption passive », est placé sous contrôle judiciaire après avoir payé une caution de 80 000 francs. Il confirme les accusations portées par Robert contre Glassmann.
« Si M. Tapie veut être mis en examen, qu'il le dise ! » s'exclame de son côté le procureur. Le soir, sur France 2, Éric de Montgolfier déclare être là « pour affoler la meute ». Porte-parole du Parti socialiste, Jean Glavany évoque l'hypothèse d'un règlement de comptes politique.

Vendredi 2. A Marseille (14 heures), Jean-Pierre Bernès quitte l'hôpital pour être mené à l'« Évêché » (l'hôtel de police de la ville). Il est placé en garde à vue. Il sera ramené à l'hôpital dans la nuit.
A Valenciennes, avant de s'imposer désormais le silence, le procureur déclare laisser à d'autres le « monopole du monologue ». L'avocat de Jean-Jacques Eydelie, à propos du relevé des appels téléphoniques du Novotel, dénonce un « faux grossier ».
Dans *Libération,* Bernard Tapie dénonce « la plus grande manipulation médiatique qu'il ait jamais vue », un complot ourdi par un « journaliste, un politique et un procureur ». Dans la soirée, le président de l'OM présente ses excuses au journaliste.

Samedi 3. A Marseille, prolongation de la garde à vue de Jean-Pierre Bernès.

Dimanche 4. A Marseille, mandat d'amener contre Jean-Pierre Bernès, incarcéré à l'infirmerie de la prison des Baumettes.
Le Journal du dimanche révèle que Bernard Tapie a rencontré Boro Primorac pour lui proposer de « porter le chapeau ».

Lundi 5. Eydelie renonce à sa carrière de footballeur, selon son avocat, Thierry Herzog. Boro Primorac a été entendu par le juge Beffy le

20 juin, apprend-on auprès du procureur. « Le relevé téléphonique ne suscite plus d'interrogations », selon le procureur.

Mardi 6. Transféré de Marseille par avion, Jean-Pierre Bernès est mis en examen pour « corruption active » et placé en détention sous conditions hospitalières à Loos, près de Lille.
Transport de justice du juge Beffy dans les locaux parisiens de la société Bernard Tapie Finance, dans le cadre d'une information supplétive ouverte par le procureur de Valenciennes pour « subornation de témoin » après des déclarations spontanées de Boro Primorac, l'ex-entraîneur de l'USVA, au procureur, le 23 juin. Primorac affirme avoir été contacté par un certain « M. Noël », se présentant comme dirigeant du Sporting Club de Bastia et ami de Bernard Tapie. Avec M. Noël, Primorac se serait rendu au siège de BTF, où le président de l'OM lui aurait demandé de « porter le chapeau » dans l'affaire VA/OM, moyennant finances et avantages de carrière. Au cours du transport de justice, rencontre avec Tapie, qui dément. Primorac a, selon son avocat Jean-Jacques Bertrand, confirmé ses propos devant Tapie.

Mercredi 7. L'OM débutera et terminera le Championnat de France en division 1, selon la LNF. Les « mis en examen » sont interdits de compétition par la LNF. Protestations de Burruchaga.
Avis de recherche après la disparition de la femme de Jean-Jacques Eydelie
Michel Coencas : à aucun moment l'USVA n'a tenté d'arranger avec l'OM le résultat de la rencontre (réaction à l'interview de l'arbitre Jean-Marie Véniel publiée dans l'hebdomadaire *Le Sport*).
Selon Maître Francis Szpiner, avocat de Tapie, l'information judiciaire pour subornation de témoin ouverte contre X par le parquet de Valenciennes est un « détournement de procédure ». « Maître Szpiner serait-il en train d'affirmer qu'il y a des éléments suffisants pour ouvrir une information contre Bernard Tapie ? » rétorque le procureur.
Des points communs existent entre les billets remis à Robert et ceux saisis à l'OM : « un élément matériel supplémentaire » au dossier, selon une bonne source.

Jeudi 8. A Marseille, Claude Ghidalia, ancien responsable du marketing et du sponsoring de l'OM, est placé en garde à vue depuis mercredi 15 heures (garde à vue prolongée jusqu'au jeudi à 15 heures). Les inspecteurs souhaitent obtenir des précisions sur des opérations

comptables et des facturations. Une perquisition est effectuée au siège de la société RMGP (Réalisation marketing et gestion publicitaire), dont Ghidalia est le président. Considérée par les policiers comme une « nébuleuse du club marseillais », RMGP apparaît dans le capital de la société OM-GP, qui s'occupe des gadgets aux couleurs de l'OM.
Le procureur : « Si les finances de l'OM sont en cause, je transmettrai cette partie du dossier au procureur de Marseille. »
Bernard Tapie « dénonce la chasse à courre organisée pour le tuer ».
Marie-Christine Robert sur Europe 1 : « C'est bien Eydelie qui m'a remis l'argent [...]. Il n'est qu'un pion comme nous. »
Mme Eydelie est retrouvée chez un ami près de Nantes. Elle est placée en garde à vue et entendue par la police à Nantes.

Vendredi 9. Identification du mystérieux M. Noël : il s'agirait d'André-Noël Filippeddu, propriétaire d'un restaurant à Bonifacio et frère de Jules, mêlé à l'affaire du vrai-faux passeport d'Yves Chalier.
Conversation téléphonique Tapie-Robert le 22 mai, selon des déclarations de Christophe Robert au juge Beffy.
A Nantes, Christine Eydelie met en cause Jean-Pierre Bernès. C'est lui qui a demandé à son mari de tenter de corrompre les joueurs valenciennois, dit-elle.
A Valenciennes, confrontation entre Eydelie et les Valenciennois.

Lundi 12. A Valenciennes, Jean-Louis Borloo est entendu par le juge Beffy, comme témoin.
Jean-Jacques Eydelie change d'avocat, prenant pour conseil le bâtonnier de Valenciennes Patrick Lefebvre. Eydelie, par lettre, a manifesté au juge Beffy son intention de changer de version.
« Eydelie, heureux de dire la vérité », selon son nouvel avocat, qui estime que le joueur a jusque-là « mal choisi sa défense ».
Éric de Montgolfier : Jean-Jacques Eydelie n'a pas mis d'autres personnes en accusation.
La cave à vins de Christophe Robert à Périgueux n'avait plus besoin de prêt, selon son associé.
Les policiers lillois entendent le personnel de Bernard Tapie Finance.
M. Noël Filippeddu est entendu par la PJ de Lille.

Mardi '3. Maître Pelletier : « Bernès veut vite être confronté à Eydelie [...]. Je vais demander le dessaisissement du tribunal de grande instance de Valenciennes. »
Boro Primorac se rend au palais de justice de Valenciennes : « Je

viens voir le juge Beffy, il veut sans doute me dire bonjour. » L'ancien entraîneur de Valenciennes n'a pas été entendu par le juge, précise M. de Montgolfier.
Le siège de la société Réalisation marketing et gestion publicitaire, proche de l'OM, dont le président, Claude Ghidalia, avait fait l'objet d'une mesure de garde à vue dans le cadre de l'affaire VA/OM, a été en partie saccagé par des individus masqués. « Rien ne semble avoir été dérobé et, en tout cas, rien au niveau de ma comptabilité. »
Jean-Jacques Eydelie : « En Italie, tous les matches sont truqués. »
Le joueur marseillais a été remis en liberté et a quitté mardi en fin de matinée la maison d'arrêt de Valenciennes, où il était détenu depuis le 27 juin.
Bernard Tapie à *VSD* : « Ils ne respectent plus la loi pour tenter de m'avoir [...]. On fait comme pendant la guerre pour les rafles de juifs. On disait : “ Il y a ceux qui donnent et ceux qui partiront. ” Et on faisait du troc. “ Tu veux sauver ta famille ? Tu m'en donnes dix. ” C'est ce qu'on veut faire à Eydelie. » Il compare également l'action de la justice aux « méthodes de l'Inquisition et de la Gestapo ».
André-Noël Filippeddu, connu sous le nom de « M. Noël », placé en garde à vue lundi à la PJ de Lille, est ressorti libre mardi en fin d'après-midi, après avoir rencontré Boro Primorac, qui l'accuse d'avoir organisé une entrevue avec Bernard Tapie pour que ce dernier lui fasse « porter le chapeau » dans l'affaire VA/OM.

Mercredi 14. Noël Le Graët (LNF) demande que les corrupteurs éventuels « aient le courage de la vérité ».
François Mitterrand : « Le secret de l'instruction n'est pas assez respecté. » « Bernard Tapie a bien réussi comme président de l'OM. »
André-Noël Filippeddu, entendu par la PJ de Lille, réfute en partie les accusations de Primorac. Il affirme ne s'être jamais rendu au siège de BTF à Paris.
Indignation de l'USM après l'interview de Bernard Tapie à *VSD*.

Jeudi 15. Jean-Louis Borloo se rend chez le procureur de Valenciennes.
L'actuel entraîneur de l'OM, Marc Bourrier, et l'un de ses prédécesseurs, Jean Fernandez, sont entendus à Marseille par la PJ de Lille.
Après les critiques formulées par le président de la République à l'égard des déclarations du procureur de Valenciennes, le garde des Sceaux et ministre de la Justice invite Éric de Montgolfier à « revenir à un mode de communication plus habituel avec la presse ».

Vendredi 16. A Marseille, Marc Fratani, attaché parlementaire de Bernard Tapie, est entendu pendant environ une heure par les policiers de la PJ de Lille. Il ne fait aucune déclaration.
Le garde des Sceaux, Pierre Méhaignerie, dépose plainte pour diffamation de magistrats contre Bernard Tapie, qui a comparé leurs méthodes à celles de l'Inquisition et de la Gestapo.
La prise de fonction du juge Beffy comme substitut est retardée.

Lundi 19. A Nice, Arsène Wenger, l'entraîneur de l'AS Monaco, est entendu en tant que témoin, au siège de la PJ de Nice, par le SRPJ de Lille.

Mardi 20. Après vérification, les empreintes relevées sur les 250 000 francs ne correspondent pas à celles des personnes mises en examen ou placées en garde à vue. Leurs comparaisons avec celles de Bernard Tapie se révéleront négatives.
Maître Francis Szpiner, l'avocat de Bernard Tapie, demande la saisie des cassettes vidéo et bandes sonores des déclarations du procureur.

Mercredi 21. Dans une interview au *Dauphiné libéré,* Éric de Montgolfier affirme qu'au départ il voulait « classer purement et simplement » le dossier.
A Valenciennes, confrontation au palais de justice entre Bernès, Eydelie, Glassmann et Burruchaga.
- Jean-Pierre Bernès a « maintenu sa version ».
- La plainte du garde des Sceaux contre Bernard Tapie est confiée au juge Marie-Paule Moracchini.

Jeudi 22. Libération de Jean-Pierre Bernès par la chambre d'accusation de la cour d'appel de Douai, au lendemain de la confrontation avec l'ensemble des acteurs du dossier, au cours de laquelle le directeur général de l'OM a été le seul à nier la tentative de corruption. Il était écroué à l'infirmerie de la prison de Loos depuis le 6 juillet.
Une caméra de télévision de France 3 est jetée à l'eau par Bernard Tapie.

Vendredi 23. Dans une interview au *Monde,* Éric de Montgolfier reconnaît avoir utilisé la détention provisoire comme moyen de pression.

Dimanche 25. A Marseille, démission de Bernès du poste de directeur général de l'OM, acceptée par Bernard Tapie.

Lundi 26. A Valenciennes : « J'ai bien vu Bernard Tapie le 17 juin dans les locaux parisiens de BTF », réaffirme Primorac au juge Beffy.

Mardi 27. Le parquet général de Douai rejette la demande de dessaisissement du tribunal de Valenciennes.

Jeudi 29. Bernard Tapie exprime ses « regrets et excuses » aux magistrats à la suite de sa mise en examen pour diffamation.

Vendredi 30. Révélations de l'hebdomadaire *Le Point* : Jacques Mellick, député (PS) de Béthune (Pas-de-Calais) et ancien ministre, témoin-surprise de Bernard Tapie, déclare l'avoir rencontré au siège de BTF le 17 juin et indique qu'il n'a pas vu Primorac.

Août 1993

Mercredi 4. Bernard Tapie saisit le procureur de Valenciennes au sujet d'éventuelles pratiques d'écoutes téléphoniques.

Vendredi 6. Le juge Beffy entend pour la seconde fois Bernard Tapie, qui confirme point par point les déclarations de Jacques Mellick.

Lundi 9. Les empreintes sur les billets ne sont pas celles de Bernard Tapie.

Mercredi 11. Publication d'une photo dans un journal municipal de Béthune, qui montre Jacques Mellick à une réception des employés de la mairie, précisant qu'elle a eu lieu « le 17 juin, à 14 heures », heure à laquelle il a affirmé être avec Bernard Tapie.
Jacques Mellick : « Je suis arrivé à Béthune vers 17 heures. »

Jeudi 12. Audition de témoins de la réception du 17 juin à la mairie de Béthune. Mise en garde à vue de plusieurs collaborateurs de Jacques Mellick (jusqu'au 18).
Jean-Pierre Deck, conseiller de Bernard Tapie, est entendu par la PJ de Bastia.
Le chauffeur de Jacques Mellick est placé en garde à vue dans l'après-midi et remis en liberté vendredi vers 15 h 15.
Jacques Mellick : « Les policiers ont agi comme des voyous. »
Bernard Tapie : « L'intox continue ».

Vendredi 13. Le juge Beffy procède à une perquisition dans les locaux de l'hebdomadaire *Le Point,* à Paris, pendant près de quatre heures.

Samedi 14. Charles Pasqua met en garde ceux qui traitent les policiers de « voyous ».

Lundi 16. Jacques Mellick demande à être mis en examen. A la suite du rejet de sa demande, il décide de se taire devant le juge.
Son chauffeur a fait le plein d'essence à 13 h 20 à Béthune. Pas de trace de télépéage le 17 juin sur l'autoroute du Nord.

Mardi 17. Jacques Mellick était à Béthune entre 15 h 30 et 16 h 30 selon des témoignages concordants.
Maître Libmann veut informer la chancellerie des conditions de garde à vue. Il demande au garde des Sceaux de saisir l'inspection générale des services judiciaires.
Le chef de cabinet de Jacques Mellick est placé en garde à vue.

Mercredi 18. Deux policiers de la PJ sont en route pour la Martinique.
Prolongation de la garde à vue du chef de cabinet de Jacques Mellick et de l'ami de l'attachée parlementaire de Jacques Mellick.
Maître Debacker, l'un des avocats de Bernard Tapie, adresse une lettre à Philippe Séguin au sujet des méthodes de la justice.
Bernard Tapie affirme qu'il y a eu « tentative » de fraude mais pas « corruption ».

Jeudi 19. Le président de l'OM affirme que « ce qui l'atteint touche un peu le président » (François Mitterrand) et « arrange à gauche des gens de l'entourage de Michel Rocard ».
L'attachée parlementaire de Jacques Mellick est mise en garde à vue à la Martinique.

Vendredi 20. Un candidat MRG a rencontré Bernard Tapie « en début d'après-midi » le 17 juin à BTF, révèle *Le Point.*

Mardi 24. Jorge Burruchaga affirme avoir été contacté fin juin par un émissaire de Bernard Tapie, qui lui a demandé de mettre Jean-Pierre Bernès hors de cause.

Jeudi 26. Joao Havelange, président de la FIFA, prône la sévérité dans cette affaire.

Vendredi 27. Descente de police dans les bureaux de Bernard Tapie Finance pour y prendre des photos.

Dimanche 29. Boro Primorac réaffirme dans *Le Journal du dimanche* qu'il était bien dans le bureau de Bernard Tapie

Mardi 31. Joao Havelange menace de suspension la Fédération française de football, lui reprochant ses « atermoiements » dans l'affaire VA/OM.

Septembre 1993

Vendredi 3. Bernard Tapie : « J'arrête si l'OM sort de l'Europe. » Il s'en prend d'autre part à Pierre Méhaignerie. Au sujet de l'affaire Primorac, il met en cause trois personnes.
Pierre Méhaignerie : « Il n'y a pas d'intervention politique. »
L'avocat de Jorge Burruchaga s'« étonne » et s'« irrite » que l'OM soit « ménagé ».
A Paris, auditions de la Commission supérieure juridique de discipline (CSJD) de la Ligue.

Samedi 4. Après avoir entendu les protagonistes de l'affaire VA/OM, à l'exception de Jean-Jacques Eydelie, parti en Argentine, la Commission supérieure juridique de discipline décide de « surseoir à statuer ».
Tapie : « J'ai fait en sorte d'assurer la pérennité de l'institution. »

Lundi 6. A Zurich, le comité exécutif de l'Union européenne de football (UEFA) décide d'exclure l'OM de la Coupe d'Europe des clubs champions pour la saison 1993-1994.
A Zurich, Jean Fournet-Fayard est « profondément affecté ».
A Marseille : c'est une « décision terrible et injuste », déclare Jean-Louis Levreau, vice-président de l'OM. Robert Vigouroux est « choqué et ulcéré ».
A Paris : « C'est l'OM qui est pénalisé », affirme Noël Le Graët. Selon le MRG, c'est une « décision lamentable ».
Le PSG refuse de remplacer l'OM.
A Valenciennes, Éric de Montgolfier déclare : « La suspension de l'OM va faire une émeute. »

Mardi 7. L'OM saisit un tribunal suisse pour annuler la décision de l'UEFA.
« Si ceux qui avaient triché avaient assumé, sans doute auraient-ils sauvé l'OM », affirme l'avocat de Jacques Glassmann.
Le PS souhaite « beaucoup de courage à Bernard Tapie ».
« Il fallait sévir », estime Joao Havelange.

Mercredi 8. Dans l'enquête sur la subornation de témoin, on apprend qu'un appel téléphonique a été passé de l'hôtel Ibis d'Alès au siège parisien de BTF le 17 juin à 15 h 04. Primorac affirme en effet que Marc Bourrier, le nouvel entraîneur de l'OM, a joint ce jour-là, vers cette heure-là, Bernard Tapie, alors qu'il se trouvait dans son bureau. Monaco est désigné comme remplaçant de l'OM.

Jeudi 9. A Valenciennes, quelqu'un a tenté de s'introduire chez le juge Beffy.
Le tribunal de Berne suspend la décision de l'UEFA.
Journée marathon de Bernard Tapie à Marseille : « Je reste à l'OM et je ne vends personne [...] on est ensemble pour un long moment encore. » Il affirme sur TF1 qu'il ne retirera pas sa plainte malgré les « pressions subies [...]. Toutes les dictatures s'arrêtent parce que quelqu'un décide de rester debout. Là, j'ai décidé de rester debout parce que quelques hommes dictent des règles sans que nous puissions nous défendre ».
« Nous, collectivités, réitérons notre soutien total », indique Robert Vigouroux en présence de Jean-Claude Gaudin et Bernard Tapie.
Visite domiciliaire de la police au siège de BTF pour prendre des photos.
La FIFA menace de suspendre la FFF, sommée de suspendre Marseille.
Publication des aveux de Jean-Jacques Eydelie par *Le Nouvel Observateur.*

Vendredi 10. Noël Le Graët demande à Bernard Tapie de retirer sa plainte.
Bernard Tapie retire sa plainte et déclare : « Je n'ai obtenu aucune contrepartie. »
Jean-Pierre Bernès : « Je ne serai jamais déclaré coupable. »

Samedi 11. Le MRG « réaffirme son soutien à Bernard Tapie ».

Lundi 13. Maître Libmann, avocat de Jacques Mellick et de plusieurs de ses collaborateurs, dépose trois plaintes pour « voie de fait et subornation de témoins ».

Mardi 14. Michel Coencas : « J'ai des biscuits secrets. »

Mercredi 15. Les avocats de Jean-Pierre Bernès demandent l'annulation de la procédure.

Jeudi 16. Le troisième homme du Fouquet's : le juge Beffy entend le juge antiterroriste Laurence Le Vert.

Dimanche 19. Lennart Johansson : « La FFF doit prendre ses responsabilités. »

Lundi 20. Conseil fédéral.
Jean Fournet-Fayard : « Il s'agit d'éthique sportive, pas de règlements de comptes. »

Mardi 21. A Paris, conseil fédéral. Jean-Jacques Eydelie, absent, transmet une déclaration.
Jean-Pierre Bernès : « Ma vie est un enfer. »

Mercredi 22. Conseil fédéral. L'OM est déchu de son titre à titre conservatoire. Robert, Burruchaga, Eydelie et Bernès sont suspendus. Le titre de champion ne sera pas attribué si la sanction est maintenue.
Maître Bertrand, avocat de Burruchaga, saisit le Conseil d'État.
Joao Havelange : « Je félicite la FFF ». La FIFA est « satisfaite ».
Pas de Coupe intercontinentale et de Super-Coupe pour l'OM, selon Gerhard Aigner (UEFA).

Vendredi 24. Le juge Beffy : « Des comportements de certains avocats sont scandaleux. »

Samedi 25. A Marseille, des incidents se produisent au stade vélodrome.
Bernard Tapie : « Je ne crois pas au complot mais à l'association de malfaiteurs [...] Je reste, dans l'intérêt supérieur du club. »

Lundi 27. Réunion FIFA-UEFA : l'OM est interdit officiellement de Coupe intercontinentale et de Super-Coupe.
Jean-Pierre Papin : « C'est complètement injuste. »

Mardi 28. Noël Le Graët estime « nécessaire » le départ de Bernard Tapie.
Bernard Tapie : « Je ne veux pas polémiquer. »

Mercredi 29. Jacques Mellick confirme sa version devant le juge, avec quelques modifications importantes. Selon le procès-verbal, il est parti de BTF entre 14 h 40 et 14 h 50.
Bernard Tapie : « Jacques Mellick était bien dans mon bureau le 17 juin, jusqu'à 15 h 15 au moins. »

Jeudi 30. A Béthune, devant la presse, Jacques Mellick change d'avis : « J'étais dans le bureau de Bernard Tapie jusqu'au-delà de 15 heures. »

Octobre 1993

Vendredi 1er. Sanctions contre l'OM : l'UEFA dément être au-dessus des lois.
Eydelie confirme ses aveux avant le conseil fédéral devant MM. Fournet-Fayard et Le Graët.
Jean-Jacques Eydelie est entendu par le juge Beffy.

Samedi 2. Jean-Jacques Eydelie réitère ses déclarations devant le juge Beffy.

Dimanche 3. Interview par *La Voix du Nord* de l'attachée parlementaire de Jacques Mellick : « J'étais avec M. Mellick dans le bureau de M. Tapie jusque passé 15 heures. »

Lundi 4. Le procureur ouvre un réquisitoire supplétif pour une nouvelle subornation présumée de témoin après les déclarations au juge de Jean-Jacques Eydelie, indiquant avoir rencontré, le 17 septembre, Bernard Tapie, qui lui aurait proposé un contrat en échange d'une modification de son témoignage.
Bernard Tapie confirme qu'il a rencontré Eydelie, « mais pas du tout pour les raisons avancées ».

Mardi 5. Le parquet de Nantes ouvre une enquête préliminaire concernant un match Nantes/OM en mars 1992.
Jean-Pierre Bernès : « Par qui Eydelie peut-il être manipulé ? »
Jean Fournet-Fayard : « Laissons faire la justice. »
Affaire Nantes/OM. Robert Budzinski, directeur sportif du FC Nantes-Atlantique : « Pour moi, le match s'est déroulé normalement. »
Maître Francis Debacker, l'avocat valenciennois de Bernard Tapie, dépose plainte contre X pour « diffusion de fausses nouvelles ».

Jeudi 7. La plainte contre X déposée par Maître Debacker est classée sans suite par Éric de Montgolfier.

Vendredi 8. Charles Villeneuve, journaliste de TF1, est entendu par le juge Beffy.
Noël Le Graët : « On fera tout pour éviter un dépôt de bilan de l'OM. »
Bernard Tapie accuse « la droite » et « les rocardiens » de chercher à nuire à sa carrière politique dans un entretien publié par *Le Monde*.

Mercredi 13. L'attachée parlementaire de Jacques Mellick est confrontée à une jeune femme qui affirme l'avoir rencontrée le 17 juin à 15 heures à Béthune.
Le comité directeur de l'Union nationale des footballeurs professionnels (UNFP) apporte son soutien à Glassmann et aux joueurs impliqués.

Vendredi 15. Une demande de levée d'immunité parlementaire de Bernard Tapie est transmise à l'Assemblée nationale dans le cadre de l'affaire Testut.

Samedi 16. Le procureur se refuse à tout commentaire sur des informations de *Libération* selon lesquelles Jean-Jacques Eydelie avait remis au juge Bernard Beffy des enregistrements de conversations avec Jean Fournet-Fayard, président de la Fédération française de football.
L'avocat de Bernard Tapie, maître Francis Szpiner, estime que « le masque est tombé » après les informations de *Libération* sur des enregistrements dans lesquels Jean Fournet-Fayard demanderait à Jean-Jacques Eydelie d'« enfoncer Tapie » dans l'affaire VA/OM.
Le président de la FFF « dément formellement » les informations de *Libération*.

Lundi 18. Bernard Tapie : « Le ministre de la Justice n'a pas assumé son devoir [...]. On n'est pas juridiquement coupable parce que politiquement minoritaire. »
La personnalité de Bernard Tapie serait à l'origine du retard dans la sanction finale, selon Sepp Blatter, secrétaire général de la FIFA.

Mardi 19. Bernard Tapie et son épouse, Dominique, sont entendus comme témoins par le juge Beffy au palais de justice de Valenciennes.
Le président de l'OM fait état de la présence d'un quatrième homme à son domicile parisien le 17 septembre précédent.
Possible confrontation générale à propos du 17 septembre.
Un cinquième homme, un manager de football, aurait participé à la rencontre du 17 septembre.

Mercredi 20. La cour d'appel de Douai rejette la demande d'annulation de la procédure déposée par les avocats de Jean-Pierre Bernès.

Vendredi 22. Frédéric Lonné, militant MRG, entendu par le juge Beffy, n'a vu ni Primorac ni Mellick dans le bureau de Bernard Tapie le 17 juin au siège de BTF.
Satisfaction de Bernard Tapie après la déposition de Frédéric Lonné.

Lundi 25. Michel Coencas, le président du club de football de Valenciennes, est entendu plus de deux heures par le juge Beffy au palais de justice de la ville.

Mercredi 27. La Cour de cassation rejette une requête de trois collaborateurs de Jacques Mellick à la mairie de Béthune, qui ont porté plainte après leur placement en garde à vue dans l'affaire VA/OM et souhaitaient que cette plainte soit instruite dans une autre région.
Jean-Pierre Deck, un collaborateur de Bernard Tapie, qui, selon le président de l'OM, aurait accueilli Jacques Mellick à son arrivée le 17 juin à BTF, est entendu comme témoin par le juge Beffy.
Jean-Pierre Deck : « Le 17 juin, je rédigeais un discours pour Bernard Tapie. »

Jeudi 28. Huitième perquisition judiciaire à BTF : protestation de Bernard Tapie.

Novembre 1993

Mardi 2. Le juge Beffy demande au procureur la levée de l'immunité parlementaire de Bernard Tapie.
L'avocat parisien de Bernard Tapie, Francis Szpiner, dénonce le « cirque » et l'« abus de droit » du juge Beffy. Son avocat valenciennois, Francis Debacker, parle d'« artifice de procédure ».
Noël Le Graët : « L'Olympique de Marseille doit changer de dirigeants. »

Vendredi 5. Glassmann est privé de déplacement à Istres. Lors des rencontres jouées à l'extérieur, il est pris à partie et insulté par certains spectateurs qui lui reprochent d'avoir révélé l'affaire de corruption.
La FIFA fait pression sur la FFF pour lever la suspension de Burruchaga.
Les dirigeants de Valenciennes demandent un recours en conciliation devant le Comité national olympique et sportif français (CNOSF) en vue d'obtenir par la suite l'annulation de la décision du conseil fédéral du 22 septembre, qui stipulait perdu le match du 20 mai 1993 par les deux équipes.

Dimanche 7. Rafaël Santos, imprésario argentin, témoin de l'entretien entre Jean-Jacques Eydelie et son ex-président Bernard Tapie le

17 septembre à Paris, indique qu'il est « à la disposition de la justice française ».

Mardi 9. Le procureur de la République de Valenciennes transmet au parquet général de Douai la demande du juge Bernard Beffy concernant la levée de l'immunité parlementaire de Bernard Tapie.

Mercredi 10. Michel Platini : « Les bonnes décisions ont été prises. »

Lundi 15. Jean Fournet-Fayard : « Je suis favorable au départ de Bernard Tapie. »
La suspension de l'Argentin Burruchaga est maintenue par la FIFA.

Mardi 16. Le procureur général près la cour d'appel de Douai a transmis à la chancellerie la demande du juge d'instruction de Valenciennes Bernard Beffy concernant la levée de l'immunité parlementaire de Bernard Tapie.

Mercredi 17. Le vice-président de l'OM, Jean-Louis Levreau, le directeur financier, Alain Laroche, et trois employés du club sont entendus à Marseille par des enquêteurs du SRPJ de Lille, qui ne procèdent à aucune perquisition.

Décembre 1993

Mercredi 1er. Jacques Georges, président intérimaire de la FFF, a indiqué qu'il ne s'opposerait pas à une participation de l'OM en Coupe de France, si le conseil fédéral lui donnait son aval.
M. Gerhard Aigner, secrétaire général de l'UEFA, déclare que son organisme « continuait son enquête » sur plusieurs matches disputés par l'OM en Coupe des champions.

Lundi 6. Une somme de 100 000 francs suisses (environ 380 000 F) a été retirée sur un compte suisse de l'OM le lendemain du match VA/OM du 20 mai, sans que les enquêteurs aient pu déterminer la destination exacte de cet argent.
L'OM « ne possède aucun compte bancaire en Suisse » et le mouvement de 100 000 francs suisses constaté par les enquêteurs de la PJ de Lille « a été régulièrement comptabilisé », selon le directeur financier du club, Alain Laroche.
M. Tapie : « L'intox et le mensonge continuent. » Selon lui, « ces 380 000 francs correspondent à une avance demandée par Alan Boksic et ensuite remboursée. Celui-ci avait annoncé avant la finale de

Coupe d'Europe qu'il se rendrait directement en vacances en Croatie et avait demandé une avance de 100 000 francs suisses, somme retirée sur un compte de la GMF.

Janvier 1994

Lundi 3. On apprend que le procureur de Valenciennes a transmis, le 31 décembre, une requête pour « éventuellement prendre des mesures coercitives » contre Bernard Tapie après avoir reçu une réponse négative du garde des Sceaux à la suite de la demande de la levée d'immunité parlementaire par le juge Bernard Beffy.

Mercredi 5. Le président de l'OM et député des Bouches-du-Rhône, Bernard Tapie, a « expressément demandé » sa « mise en examen dans l'affaire de corruption présumée OM/VA afin de mettre un terme aux calomnies, fausses nouvelles, rumeurs ».

Jeudi 6. Noël Le Graët (devant le syndicat de la presse quotidienne régionale) : « Bernard Tapie partira. »
Le procureur de Valenciennes : « Si M. Tapie souhaite accélérer la procédure, il doit s'adresser au bureau de l'Assemblée nationale. »

Lundi 10. Le bureau de l'Assemblée nationale rejette la requête de la justice contre Bernard Tapie. Le bureau qui s'est réuni pendant deux heures a pris cette décision en raison de l'imprécision de la requête transmise par le procureur général près la cour d'appel de Douai.

Mardi 11. Bernard Tapie *(France-Soir)* estime que le procureur de la République « est un barjo », que le juge « n'a plus aucun dossier » et que le garde des Sceaux, Pierre Méhaignerie, « ne fait pas son boulot ».
Bernard Tapie se déclare « totalement scandalisé et indigné par la traduction qui a été faite par *France-Soir* ».
Jean-Pierre Bernès est entendu pendant une heure et demie par le juge Beffy
Noël Le Graët estime qu'il y avait suffisamment d'éléments dans le dossier de l'affaire VA/OM pour le boucler.

Jeudi 13. Le procureur de la République de Valenciennes, Éric de Montgolfier : « La technique de M. Tapie consiste à imprimer la peur », et de citer un adage : « Plus que ta conscience, magistrat, crains le garde des Sceaux. »

M. Méhaignerie « irrité » par les « dérives et les excès médiatiques ».

Vendredi 21. Gerhard Aigner (UEFA) : « La FFF devra se prononcer sur l'OM d'ici la fin de la saison. »
Le juge Nicole Besset, vice-présidente du TGI de Marseille en charge de l'instruction, va devoir décider des suites à donner au dépôt d'une plainte contre le juge Beffy, pour tentative de subornation de témoin, déposée par les défenseurs de Jean-Pierre Bernès.

Samedi 22. Jean-Pierre Bernès se déclare « scandalisé par l'attitude de la chancellerie et du parquet de Marseille » à propos de sa plainte contre le juge d'instruction valenciennois Bernard Beffy, pour « tentative de subornation de témoin ».

Dimanche 23. La FIFA demandera au nouveau président de la FFF quand et comment il compte régler le cas de Marseille, a confié M. Sepp Blatter.

Lundi 24. Le juge Beffy se réserve le droit d'engager « des actions en justice contre toutes propagations de fausses nouvelles ».
Jean Fournet-Fayard, ancien président de la FFF, entendu comme témoin par le juge Beffy.

Mardi 25. Une information contre X a été ouverte par le parquet de Lille pour « voie de fait et subornation de témoins » après le dépôt, le 13 septembre 1993, de trois plaintes de Charles Libman, avocat de trois proches de Jacques Mellick, qui protestent contre les conditions de leur garde à vue. L'instruction a été confiée au doyen des juges, Mlle Mauricette Danchaud.

Mercredi 26. Bernard Tapie réitère sa demande de mise en examen.

Jeudi 27. Une convocation a été reçue par Bernard Tapie aux fins de mise en examen.

Février 1994

Mercredi 2. La chambre criminelle de la Cour de cassation casse un arrêt de la chambre d'accusation de la cour d'appel de Douai, rendu le 20 octobre dernier, qui rejetait des arguments de Jean-Pierre Bernès, selon lequel la procédure suivie contre lui au tribunal de Valenciennes serait nulle. Cette cassation ne remet pas la procédure en cause, car la Cour de cassation ne s'est prononcée que sur une question de pure forme. Le dossier a été renvoyé devant la chambre d'accusation de

Douai, composée d'autres magistrats, qui devra se pencher à nouveau sur ces questions de procédure.

Samedi 5. Selon un sondage de *L'Équipe Magazine,* 72 % des Français estiment que la justice a outrepassé son rôle.
Lors de l'assemblée générale de la LNF, Noël Le Graët confirme que Bernard Tapie doit partir.

Dimanche 6. Bernard Tapie : « Je partirai quand je le jugerai utile. »

Jeudi 10. Bernard Tapie a été mis en examen pour « complicité de corruption et subornations de témoin ». Il est placé sous contrôle judiciaire. Selon l'ordonnance de placement sous contrôle judiciaire, Bernard Tapie doit quitter ses fonctions de président avant le 20 avril 1994 et doit verser une caution de 250 000 F avant le 28 février. Il lui est aussi interdit de rencontrer les autres protagonistes de l'affaire.
Bernard Tapie : « Le juge Beffy veut détruire l'OM [...]. Il va de soi que je n'accepterai pas cette nouvelle tentative de mise à mort de l'OM, même sous couvert d'un habillage judiciaire [...]. La décision de contrôle judiciaire est, elle aussi, scandaleuse. »
Claude Simonet, candidat unique à la présidence de la Fédération française de football (FFF), estime que les « décisions prises par le juge Beffy à l'encontre de Bernard Tapie allaient dans le sens souhaité par le président de la LNF, M. Noël Le Graët », mais que « de toute façon la FFF se prononcerait dans l'affaire Valenciennes-Marseille ».
Alain Pédretti, ancien président de l'AS Cannes de 1989 à 1992, se déclare intéressé « à cent pour cent » par la reprise de l'OM.
Le garde des Sceaux, Pierre Méhaignerie, estime que « seul le juge a la capacité de décider en fonction des éléments qui sont à sa disposition ».

Les protagonistes de l'affaire VA/OM

Aigner, Gerhard, secrétaire général de l'UEFA, Allemand.

Alliot-Marie, Michèle, ministre de la Jeunesse et des Sports.

Appietto, Jean, avocat de la LNF ; il dépose plainte contre X le 8 juin à Valenciennes.

Bakra, Yves, avocat de l'USVA.

Beffy, Bernard, juge d'instruction, chargé du dossier VA/OM.

Bernès, Jean-Pierre, ex-directeur général de l'OM ; mis en examen pour corruption active le 6 juillet ; il a passé seize jours en prison (mis en détention le 6 juillet, libéré le 22).

Bertrand, Jean-Jacques, avocat de Boro Primorac et de Jorge Burruchaga.

Blatter, Sepp, secrétaire général de la FIFA, Suisse.

Borloo, Jean-Louis, avocat, député-maire de Valenciennes, ancien président de l'USVA, membre du conseil d'administration du club ; entendu comme témoin le 12 juillet.

Bourrier, Marc, entraîneur de l'OM ; entendu le 15 juillet.

Burruchaga, Jorge, né le 9 octobre 1962, joueur franco-argentin de Valenciennes, international argentin, champion du monde avec l'Argentine en 1986, a joué à Arsenal de Sarandi, Independiente, FC Nantes et Valenciennes ; mis en examen le 1er juillet pour corruption passive.

Coencas, Michel, industriel, président de l'USVA ; entendu comme témoin le 25 octobre.

Davigny, Alain, chauffeur de Jacques Mellick ; gardé à vue les 12 et 13 août.

Deck, Jean-Pierre, ex-fonctionnaire au ministère de la Ville, conseiller de Bernard Tapie ; gardé à vue le 12 juin par la PJ, à Bastia, entendu par le juge le 27 octobre.

Desailly, Marcel, défenseur de l'OM ; gardé à vue le 1er juillet 1993 à

Font-Romeu, son contrat avec l'OM a été saisi le même jour; transféré le 10 novembre au Milan AC.

Deschamps, Didier, milieu de terrain et capitaine de l'OM ; gardé à vue quelques heures le 1er juillet à Font-Romeu.

Di Méco, Éric, défenseur de l'OM; gardé à vue quelques heures le 1er juillet à Font-Romeu.

Dupont-Moretti, Éric, avocat de Jacques Glassmann.

Eydelie, Jean-Jacques, né le 3 février 1966 à Angoulême, ex-défenseur de l'OM, a joué à Angoulême, Laval, Tours et Marseille ; mis en examen pour « corruption active » le 27 juin, a passé dix-sept jours en prison ; mis en détention le 27 juin, il est libéré le 13 juillet.

Filippeddu, André-Noël, restaurateur corse ; il a déjeuné le 17 juin avec Boro Primorac ; il a été gardé à vue par la PJ de Lille.

Fournet-Fayard, Jean, président de la FFF; il a démissionné après la défaite de la France face à la Bulgarie, le 17 novembre 1993.

Fratani, Marc, attaché parlementaire de Bernard Tapie ; il est entendu le 16 juillet.

Gaudin, Jean-Claude, homme politique (UDF), sénateur, président du conseil régional PACA.

Ghévontian, Hervé, avocat de l'OM et de Jean-Pierre Bernès.

Ghidalia, Claude, ancien responsable du marketing de l'OM ; il est placé en garde à vue le 8 juillet.

Glassmann, Jacques, né le 22 juillet 1962 à Mulhouse, a joué à Mulhouse, Strasbourg et Tours ; défenseur de l'USVA, il a révélé la corruption, s'est porté partie civile ; il a été entendu plusieurs fois comme témoin.

Havelange, Joao, président de la FIFA, Brésilien

Herzog, Thierry, premier avocat de Jean-Jacques Eydelie.

Johansson, Lennart, président de l'UEFA, Suédois.

Laroche, Alain, directeur financier de l'Olympique de Marseille.

Lefebvre, Patrick, avocat de Jean-Jacques Eydelie, bâtonnier de Valenciennes.

Leffy, Jean-Claude, dirigeant de l'USVA ; il est entendu comme témoin.

Le Graët, Noël, président de la Ligue nationale de football.

Lapeyre, Christophe, chef de cabinet de Jacques Mellick ; il est entendu le 18 août.

Levreau, Jean-Louis, vice-président de l'OM, ancien rédacteur en chef du *Provençal.*

Libmann, Charles, avocat de Jacques Mellick et de plusieurs de ses collaborateurs.

Lonné, Frédéric, candidat MRG ; il se trouvait le 17 juin chez BTF ; il est entendu le 22 octobre par le juge Beffy.

Méhaignerie, Pierre, CDS, ministre d'État chargé de la Justice, garde des Sceaux.

Mellick, Jacques, député du Pas-de-Calais, adjoint au maire de Béthune, ancien ministre délégué à la Mer, ancien secrétaire d'État à la Défense ; il est entendu comme témoin le 28 octobre dans l'affaire de subornation de témoin.

Missika, Philippe, avocat, président de la CSJD.

Montgolfier, Éric de, procureur de la République de Valenciennes.

Moracchini, Marie-Paule, juge d'instruction ; elle est chargée du dossier de diffamation de Bernard Tapie envers les magistrats.

Pelletier, Jean-Louis, avocat de Jean-Pierre Bernès.

Primorac, Boro, ex-entraîneur de l'US Valenciennes-Anzin ; il affirme au procureur, le 23 juin, que Bernard Tapie a tenté, le 17 juin, de suborner son témoignage.

Robert, Christophe, né le 30 mars 1964 à Montpon, a joué à Saint-Seurin, Nantes, Monaco ; ex-attaquant valenciennois ; il est mis en examen pour « corruption passive » le 26 juin.

Robert, Marie-Christine, femme de Christophe ; elle est mise en examen pour « complicité de corruption passive » le 26 juin.

Santos, Rafaël, intermédiaire argentin ; il se trouvait le 17 septembre chez Bernard Tapie, en compagnie de Jean-Jacques Eydelie.

Soulier, André, ancien président de la commission nationale de discipline, avocat, homme politique (UDF).

Tapie, Bernard, élu député MRG des Bouches-du-Rhône (Gardanne, dixième circonscription) en mars 1993, élu conseiller régional PACA en mars 1992, ancien ministre de la Ville, ex-PDG d'Adidas et de Bernard Tapie Finance (Testut, Terraillon, La Vie claire), président de l'Olympique de Marseille depuis 1986 ; il est entendu trois fois (les 6 juillet, 6 août et 19 octobre) comme témoin dans le cadre des présumées affaires de subornation de Primorac (17 juin) et d'Eydelie (17 septembre). Il est mis en examen le jeudi 10 février pour « complicité de corruption et subornations de témoin ». Il est placé sous contrôle judiciaire.

Temime, Hervé, avocat de l'USVA.

Tempet, Jean-Pierre, dirigeant de l'USVA ; il est entendu comme témoin.

Trenson, Valérie, directrice de cabinet de Jacques Mellick ; elle est entendue comme témoin.

Vanhelder, Pascal, avocat de Christophe et de Marie-Christine Robert.

Véniel, Jean-Marie, arbitre de la rencontre Valenciennes/Marseille.

Vigouroux, Robert, sénateur, maire de Marseille.

Villeneuve, Charles, journaliste ; il déjeune avec Bernard Tapie le 17 juin et est entendu le 8 octobre.

Wenger, Arsène, entraîneur de Monaco et ami de Primorac ; il est entendu le 19 juillet dans le cadre de l'affaire de subornation de témoin.

Weygand, Lucien, président du conseil général des Bouches-du-Rhône.

Les affaires Testut

Voici une chronologie des affaires Testut. Il convient de distinguer deux volets, le dossier commercial et le dossier pénal. Les informations relevant du domaine commercial ou boursier sont précédées de (C). Les informations relevant du domaine pénal sont précédées de (P).

1992

Dimanche 27 décembre
(P) Plainte d'Alain Géniteau, actionnaire minoritaire de Testut.

1993

Jeudi 1er avril
(P) Plainte de BTF contre Bruno Flocco, directeur général de l'entreprise.

Dimanche 9 mai
(P) Mise en examen et en détention de Bruno Flocco pour « faux en écriture, abus de biens sociaux et abus de pouvoir ».

Mercredi 23 juin
(P) Plainte de Bruno Flocco contre Bernard Tapie et Élie Fellous pour « abus de biens sociaux et trafic d'influence ».

Lundi 28 juin
(C) Dépôt d'un projet d'OPR.

Mardi 27 juillet
(P) Perquisition dans les locaux de BTF.

Mardi 3 août

(P) Avis de mise en examen pour « faux et usage de faux » de MM. Fellous, Gachet et Soury, administrateurs de Testut.

Mercredi 11 août

(P) Perquisition à BTF.

Jeudi 12 août

(P) Remise en liberté de Bruno Flocco.

Vendredi 17 septembre

(C) Redressement judiciaire de Trayvou, nomination d'un expert pour Testut.

Lundi 20 septembre

(C) Appel des dirigeants de Testut sur décision du tribunal.

Vendredi 8 octobre

(C) Bernard Tapie indique que BTF va consacrer 240 millions de francs à la recapitalisation de Testut.

(P) Les juges d'instruction demandent au procureur de statuer sur l'opportunité de la demande de levée de l'immunité parlementaire de Bernard Tapie.

Lundi 11 octobre

(P) Élie Fellous est mis en détention provisoire et incarcéré au centre de Longuenesse (Pas-de-Calais).

(P) Bernard Gachet est mis en détention provisoire et incarcéré à la maison d'arrêt de Saint-Omer.

(C) Guy Mairot (SCAIME) remplace Élie Fellous chez Testut.

Mercredi 13 octobre

(P) Rejet des demandes de mise en liberté de MM. Fellous et Gachet.

(C) Rejet d'une demande d'annulation d'une assemblée générale par l'avocat de Bruno Flocco.

(C) Le plan de restructuration de Testut présenté par BTF est accepté.

Vendredi 15 octobre

(P) Pierre Méhaignerie, garde des Sceaux, transmet à Philippe Séguin, président de l'Assemblée nationale, la demande de levée d'immunité parlementaire.

Mercredi 20 octobre

(P) Désignation des quinze membres de la commission *ad hoc,* présidée par Jacques Limouzy (RPR).

Mardi 26 octobre

(P) Bernard Gachet est remis en liberté à la suite de son audition par le juge Persyn.

Mercredi 27 octobre

(P) Remise en liberté sous caution d'Élie Fellous par la chambre d'accusation de la cour d'appel de Douai.

Samedi 30 octobre

(P et C) La COB transmet un rapport sur Testut au parquet de Béthune.

Mercredi 3 novembre

(P) La commission *ad hoc* entend le premier plaignant de l'affaire Testut, Alain Géniteau.

Jeudi 4 novembre

(P) Bernard Tapie est entendu plus de deux heures par la Commission *ad hoc*.

Mardi 16 novembre

(P) Bernard Tapie est de nouveau entendu mercredi par la commission chargée de la levée de son immunité.

Mercredi 17 novembre

(P) La commission *ad hoc* de l'Assemblée nationale s'est prononcée pour la levée de l'immunité parlementaire de Bernard Tapie, député RL (République et Liberté) des Bouches-du-Rhône, indique le président de la commission, Jacques Limouzy (RPR).

(P) Jack Lang, le seul socialiste de la commission *ad hoc,* et trois députés de la majorité, Jean-Luc Reitzer (RPR), Gérard Vignoble (UDF) et Édouard Landrain (UDF), ont voté contre. Jean-Claude Lefort (groupe communiste) a voté pour. La commission *ad hoc* compte 15 membres (7 RPR, 6 UDF, 1 PS, 1 PCF). 10 ont voté pour la levée, 4 contre. Le président de la commission, Jacques Limouzy, n'a pas pris part au vote. Jack Lang : « Les dés étaient jetés dès le début. » La décision de la commission *ad hoc* « n'étonne évidemment personne », a déclaré Bernard Tapie, en soulignant que « les Français doivent connaître toute la vérité ». Dominique Bussereau, rapporteur de la commission *ad hoc*, qui s'est prononcé pour la levée de l'immunité parlementaire de Bernard Tapie, atteint « les sommets de l'hypocrisie et du mensonge », a estimé mercredi le président de l'OM. Bernard Pons : la levée d'une immunité parlementaire « ne préjuge en rien d'une quelconque culpabilité sur le plan judiciaire ». M. Bussereau : « La non-levée de l'immunité de

Bernard Tapie aurait entravé le fonctionnement normal de la justice. »

Mardi 7 décembre

(P) L'Assemblée nationale décide de lever l'immunité parlementaire de Bernard Tapie, député des Bouches-du-Rhône (432 voix pour, 72 contre).

(P) Jean-François Hory dénonce un « complot politique orchestré » contre Bernard Tapie.

Mercredi 8 décembre

(P) Alain Bocquet, président du groupe communiste à l'Assemblée nationale : « La décision de voter la levée de l'immunité de M. Tapie a été prise à l'unanimité. »

Vendredi 10 décembre

(P) La demande de la levée d'immunité parlementaire de Bernard Tapie est transmise au parquet de Douai.

Lundi 13 décembre

(P) La notification de la levée d'immunité parlementaire de Bernard Tapie est transmise aux juges de Béthune.

Mardi 15 décembre

(P) Le juge Benoît Persyn fait parvenir à Bernard Tapie une convocation.

Mercredi 22 décembre

(P) Bernard Tapie mis en examen pour « abus de biens sociaux et complicité » par le juge Benoît Persyn chargé de l'instruction.

(C) La chambre commerciale de la cour d'appel de Douai a infirmé le jugement de la chambre commerciale du tribunal de Béthune, qui avait constaté le 17 septembre la cessation de paiement de la société Trayvou et l'avait placée en redressement judiciaire, ont indiqué les avocats de la société. Elle a également confirmé la nomination d'un expert afin de surveiller l'application du plan proposé par BTF chez Testut.

1994

Mercredi 5 janvier

(C) La société de pesage Testut, filiale de Bernard Tapie Finance (BTF), va procéder à un « coup d'accordéon » sur son capital, c'est-à-dire une réduction du capital pour apurer les pertes antérieures, suivie d'une augmentation de capital, selon un avis publié au *Bulletin des annonces légales obligatoires (BALO).*

Samedi 8 janvier

(P) Élie Fellous, PDG de Bernard Tapie Finance, mis en examen pour « abus de biens sociaux et faux et usage de faux », a été entendu sur le « fond de l'affaire Testut » pendant plus de cinq heures par les juges Benoît Persyn et Philippe Vandigenen.

Mercredi 12 janvier

(P) Élie Fellous de nouveau entendu par les juges de Béthune.

(C) Élie Fellous est révoqué de son poste de PDG par le conseil d'administration de Bernard Tapie Finance (BTF). Il sera remplacé le 31 mars 1994 par Noëlle Bellone à la tête de la holding.

Vendredi 14 janvier

(P) Confrontation à Béthune entre Bernard Tapie et Élie Fellous. La confrontation a porté sur « les rôles respectifs » de MM. Fellous et Tapie.

Jeudi 20 janvier

(P) Bernard Tapie entendu au palais de justice de Béthune.

Vendredi 21 janvier

(P) Bernard Tapie de nouveau entendu, puis confronté à Bruno Flocco, ancien directeur général de Testut.

Vendredi 11 février

(P) Élie Fellous entendu.

Les chronologies des affaires VA/OM et Testut ont été achevées le 14 février 1994.

Notes

1. Tapie en banlieue

1. Christophe Bouchet, *L'Aventure Tapie, enquête sur un citoyen modèle,* Éd. du Seuil, 1992 ; rééd. coll. « Points Actuels », 1993.

2. Tapie fait du music-hall

1. Bernard Tapie, *Gagner,* Robert Laffont, 1986.

6. Tapie et les comètes

1. Comète : astre nébuleux.
2. La société Tapie et Compagnie SNC est devenue Bernard Tapie Immobilier SNC le 21 avril 1986, puis Financière et Immobilière Bernard Tapie SNC le 30 septembre 1986.
3. En 1991, BT Services a réalisé un chiffre d'affaires de 5,7 millions de francs.
4. On peut attester que ce rôle a bien été joué par BT Gestion car certaines données sont apparues lors du contrat de cession de La Vie claire à Lugdunum Finances, en février 1992. Le contrat stipule que BT Gestion abandonne 33 755 francs, « correspondant aux redevances sur le chiffre d'affaires de juin à décembre 1988 ». De même, BT Gestion abandonne 56 887 francs à Arche de vie, dont plus de 51 000 francs de redevances dues sur douze mois.

7. Tapie abuse

1. Voir *L'Aventure Tapie, enquête sur un citoyen modèle, op. cit.*
2. L'emprunt est souscrit par Lutrana, la SDBO, le Crédit agricole, la banque du Phénix (AGF) pour 25 millions de francs chacun.
3. Jugements n°s 93004472.WPS sur Testut et 93004473.WPS sur Trayvou. Chambre com. du TGI de Béthune, 17 septembre 1993.
4. *Le Monde,* 9 octobre 1993.

10. Du football en général, de Tapie en particulier

1. Entretien avec l'auteur.
2. Rapport de la CND, 28 janvier 1990.
3. Compte rendu de la CND, 10 novembre 1990.
4. *Le Monde,* samedi 9 octobre 1990.
5. *L'Heure de vérité,* dimanche 10 octobre 1990.
6. Christophe Bouchet, Alain, Roseghini, *Olympique de Marseille : les années Tapie,* Solar, 1990.
7. Éric Cantona, *Un rêve modeste et fou,* Robert Laffont, 1993.
8. *Ibid.*
9. *Op. cit.*
10. *L'Équipe.*
11. Entretien avec l'auteur, 33 septembre 1993.
12. *Op. cit.*
13. *Op. cit.*
14. Procès-verbal de Jean-Jacques Eydelie, publié par *Le Nouvel Observateur.*
15. *Le Point,* 17 juillet 1993.
16. *France-Football*, 30 août 1993.
17. Cantona, *France-Football,* 16 août, 1993.
18. Wenger, *France-Football,* 20 septembre 1993.

11. Tapie à Valenciennes (feuilleton)

1. Les versions de Jean-Jacques Eydelie et de Christophe Robert sont différentes. L'un indique que l'interlocuteur a été Christophe Robert, l'autre que c'est Marie-Christine Robert qui a pris la communication.

14. Tapie Connection

1. *Le Figaro.*
2. *Ouest-France,* septembre 1993.
3. *L'Équipe.*
4. Aveux de Jean-Jacques Eydelie au juge Bernard Beffy, document publié par *Le Nouvel Observateur,* août 1993.
5. *Ibid.*
6. Émission *Le Procès,* Télé +2, novembre 1993.
7. Rapport d'Olivier Dropet, 4 juillet 1990.
8. Henri Nallet, *Tempête sur la justice,* Plon, 1992.
9. *Ibid.*
10. Entretien avec l'auteur, juin 1993.

15. Tapie et l'affaire Mellick

1. Le procès-verbal de son audition par le juge Beffy.

17. Tapie et la République du mensonge

1. Alain Etchegoyen, *La Démocratie malade du mensonge*. Et voir Christophe Bouchet, *L'Aventure Tapie. Enquête sur un citoyen modèle, op. cit.*, chap 26 : « Le mensonge déconcertant ».

2. Voir *supra,* chap. 9, p. 99 : « La balance de Tapie ».

18. Tapie, de Mitterrand à Le Pen

1. *La Fin d'une époque,* Seuil/Fayard, 1993.

19. Tapie et les réseaux

1. Joseph Kessel, *Stavisky, l'homme que j'ai connu. Historique de l'affaire,* Gallimard, 1974.

2. *Ibid.*

22. Tapie envers et contre tous

1. « Quand vous serez président, je demanderai l'exil au Paraguay », a répondu Bernard Beffy.

Table

ANNEXES

IMPRIMERIE S.E.P.C. À SAINT-AMAND (CHER)
DÉPÔT LÉGAL MARS 1994. N° 21926 (276-149)

« L'Épreuve des faits »
collection dirigée par
Hervé Hamon et Patrick Rotman

Pierre Duclos
Les Prêtres
Une génération raconte son métier
1983

Jacques Frémontier
Les Cadets de la droite
1984

Hervé Hamon et Patrick Rotman
Tant qu'il y aura des profs
1984

Sylvie Péju
Scènes de la grande pauvreté
1985

Roger Faligot et Pascal Krop
La Piscine
Les services secrets français (1944-1984)
1985

Henri Vacquin
Paroles d'entreprise
1986

Alain Hamon et Jean-Charles Marchand
Action directe
1986

Nicole Gauthier, Catherine Guigon et Maurice A. Guillot
Les Instits
Enquête sur l'école primaire
1986

Henri Weber
Le Parti des patrons
Le CNPF (1946-1986)
1986

Agnès Gerhards
Le Rapport Lambda
Enquête d'une simple citoyenne
sur l'Administration de son pays
1987

Sylvie Péju
Palais de justice
1987

Michel Bauer (avec Bénédicte Bertin-Mourot)
Les 200
Comment devient-on un grand patron ?
1987

Gilles Kepel
Les Banlieues de l'Islam
Naissance d'une religion en France
1987

Xavier Gaullier
La Deuxième Carrière
Ages, emplois, retraites
1988

Jean-Pierre Vélis
La France illettrée
1988

Catherine Guigon
Palais-Bourbon
La vie quotidienne à l'Assemblée
1988

Christian Baudelot et Roger Establet
Le niveau monte
Réfutation d'une vieille idée
concernant la prétendue décadence de nos écoles
1989

Pierre Duclos
Les Enfants de l'oubli
Du temps des orphelins à celui des DDASS
1989

Michel Pinçon et Monique Pinçon-Charlot
Dans les beaux quartiers
1989

Daniel Soulez Larivière
Justice pour la justice
1990

Jacques Julliard
Le Génie de la liberté
1990

François de Closets
La Grande Manip
1990

Pierre Favier et Michel Martin-Roland
La Décennie Mitterrand
1. Les ruptures
1990

Gilles Kepel
La Revanche de Dieu
Chrétiens, juifs et musulmans à la reconquête du monde
1991

Claude Neuschwander
L'Acteur et le Changement
Essai sur les réseaux
1991

Michel Hannoun
Nos solitudes
Enquête sur un sentiment
1991

François Dubet
Les Lycéens
1991

Catherine Bédarida
L'école qui décolle
Du primaire au supérieur, cinq façons nouvelles d'enseigner
1991

Jean-Dominique Giuliani
Marchands d'influence
Les lobbies en France
1991

Pierre Favier et Michel Martin-Roland
La Décennie Mitterrand
2. Les épreuves
1991

Francis Jeanson
Algéries
De retour en retour
1991

Robert Schneider
La Haine tranquille
1992

Christian Baudelot et Roger Establet
Allez les filles!
1992

Philippe Trétiack
La Vie blindée
Seuls contre la mafia
1992

Gérard Chaliand
Le Malheur kurde
1992

Didier Lapeyronnie et Jean-Louis Marie
Campus blues
Les étudiants face à leurs études
1992

Michel Wieviorka
La France raciste
1992

Christophe Bouchet
L'Aventure Tapie
Enquête sur un citoyen modèle
1992

Claude Cherki Nicklès et Michel Dubec
Crimes et sentiments
1992

Daniel Karlin et Rémi Lainé
L'Affaire Chara
Un innocent meurt en prison
1992

François Dubet et Didier Lapeyronnie
Quartiers d'exil
1992

Axel Krause
La Renaissance
Voyage à l'intérieur de l'Europe
1992

Gilles Kepel
Le Prophète et Pharaon
Aux sources des mouvements islamistes
1993

Fabrice Nicolino
Le Tour de France d'un écologiste
1993

Jean-Michel Croissandeau
Les Bonnes Notes de la France
1993

François Bazin et Joseph Macé-Scaron
Les Politocrates
Vie, mœurs et coutumes de la classe politique
1993

Pascal Dupont
La Bannière étiolée
Voyage sur les traces de Tocqueville
1993

Laure Adler
Les Femmes politiques
1993

Caroline Bettati
Responsables et Coupables
Une affaire de sang
1993

Myriam Gaume
Les Invités de la Terre
Récits d'Arménie
1993

Irène Bellier
L'ENA comme si vous y étiez
1993

Jérôme Bourdon
Haute Fidélité
Pouvoir et télévision, 1935-1994
1994

Virginie Linhart
Volontaires pour l'usine
Vies d'établis, 1967-1977
1994

Daniel Karlin et Rémi Lainé
Justices en France
1994

Catherine Bédarida
SOS Université
1994